"东北林业大学优秀教材及学术专著
出版与奖励专项资金" 资助出版

婚 姻 家 庭 法 学

主　编　包玉华　　王丽华
副主编　赵英杰

东北林业大学出版社
Northeast Forestry University Press
·哈尔滨·

图书在版编目（CIP）数据

婚姻家庭法学／包玉华，王丽华主编．—2版．—哈尔滨：
东北林业大学出版社，2018.9

（东北林业大学优秀教材系列丛书）

ISBN 978-7-5674-1558-4

Ⅰ.①婚…　Ⅱ.①包…②王…　Ⅲ.①婚姻法-法的理论-
中国-高等学校-教材　Ⅳ.①D923.901

中国版本图书馆 CIP 数据核字（2018）第 227078 号

责任编辑：姚大彬

责任校对：许　然

封面设计：乔鑫鑫

出版发行：东北林业大学出版社（哈尔滨市香坊区哈平六道街 6 号　邮编：150040）

印　　装：哈尔滨市石桥印务有限公司

规　　格：185 mm×260 mm　16 开

印　　张：9.75

字　　数：225 千字

版　　次：2018 年 9 月第 2 版

印　　次：2018 年 9 月第 1 次印刷

定　　价：25.00 元

再版修订说明

  《婚姻家庭法学》第一版自出版以来，得到了全国普通高等院校法学专业广大师生的认可与好评。为了体现教材内容的理论性、时代性和前沿性，教材编写组的各位同仁对本教材进行了修订，以期适应普通高校婚姻家庭法学的教学需要，满足有志从事法律职业自修者研读的学习愿望。

  目前，在婚姻家庭法领域，学术成果不断涌现，法律法规不断完善：2011 年 7 月 4 日，最高人民法院发布《最高人民法院关于适用〈中华人民共和国婚姻法〉若干问题的解释（三）》；《中华人民共和国涉外民事关系法律适用法》自 2011 年 4 月 1 日起施行；2013 年 7 月 1 日修订后的《中华人民共和国老年人权益保障法》颁布施行（2015年该法进行第二次修订）；《中华人民共和国反家庭暴力法》自 2016 年 3 月 1 日起施行；《中华人民共和国民法总则》自 2017 年 10 月 1 日起施行。为体现婚姻家庭领域中立法司法的变化，我们对《婚姻家庭法学》有关章节进行了修订，以实现教材内容与立法修正、司法解释的统一。

  本书在修订时，由本书主编负责统稿、定稿。

作 者

2018 年 1 月

第一版前言

　　婚姻家庭法是我国民法的重要组成部分，在我国法律体系中占有十分重要的地位，它与人们的生活有着十分密切的联系，每个人及其家庭都离不开婚姻家庭法的调整。婚姻家庭法学是一门应用性、实践性很强的学科。为了反映婚姻家庭法理论的新发展，本书内容以《中华人民共和国婚姻法》和近几年来国家颁布的法律、法规和司法解释为依据，广泛吸收婚姻家庭法学界最新的理论研究成果，并注意理论联系实际，这对进一步完善我国婚姻家庭立法、推进婚姻家庭法理论研究、依法处理婚姻家庭问题具有十分重要的意义。本书力求准确地解析婚姻家庭法的基本理论和基本问题，以进一步推动婚姻家庭法理论研究的繁荣与发展。

　　本书由包玉华、王丽华担任主编，赵英杰担任副主编。参加本书编写的作者分工如下（以撰写章节先后为序）：

　　包玉华：第一章、第二章、第三章、第五章、第六章、第七章、第八章、第十章。

　　王丽华：第四章。

　　赵英杰：第九章。

　　包玉华负责全书的统稿工作。

　　由于编写时间仓促，书中不足之处在所难免，欢迎广大读者批评指正。

作　者

2005 年 9 月于哈尔滨

目　　录

第一章　历史唯物主义的婚姻家庭观

按照历史唯物主义的见解，婚姻家庭在人类历史上并不是自古就有、永恒不变的；它是社会发展到一定阶段的产物，是社会关系的特定形式；它的性质、内容和作用归根结底取决于物质资料的生产方式。

第一节　婚姻家庭的概念及其属性

人们通常所说的婚姻、家庭，是指一夫一妻制产生以来的个体婚姻和个体家庭；而在学术研究领域，却存在着两种不同意义上的概念。一种是狭义的，即指个体婚姻和个体家庭；一种是广义的，包括人类两性结合和血缘关系的各种形式。无论是哪种意义上的婚姻和家庭，都不是一开始就存在的，而是人类社会发展到一定阶段的产物。

一、婚姻的概念

婚姻是为当时社会制度所确认的，男女两性互为配偶的结合。这个概念普遍适用于社会学、伦理学和法学。婚姻因结婚而发生，因配偶一方死亡或离婚而消失。

对婚姻的定义我们可以从以下几个方面来理解。

（1）婚姻是以男女两性结合为前提的，不是两性的结合，不能称为婚姻。在资本主义国家有同性恋"结婚"的现象。

（2）男女两性结合必须为当时社会制度所承认。在原始社会男女两性结合为当时的社会习惯、风俗所承认，比如在血缘婚阶段，兄弟姐妹可以互为夫妻。自阶级社会以来，婚姻是为各个时代的社会法律制度所承认、符合法律规定的两性结合。不为社会法律制度所承认的两性关系，如男女的姘居、通奸行为，则不是婚姻。

（3）社会制度承认的男女两性的结合，才具有夫妻的身份，受到法律的保护，享有夫妻之间的权利和义务关系。非法的两性结合不具有夫妻的身份，不享有夫妻之间的权利和义务关系，是违法行为，法律不予保护，比如不具备法定结婚的条件和不履行结婚登记手续的男女两性的结合，即非法同居。

（4）婚姻所指的两性结合，必须以终身共同生活为目的，这是婚姻的本质所要求的。相反，如果两性的结合只是为了暂时的需要，则不构成婚姻，不能称其为婚姻。当然，婚后夫妻因种种原因无法共同生活所造成的婚姻离异行为，与结婚时就不具有终身共同生活的目的的行为，这是两个不相同的问题。

如果仅就法学而言，婚姻是男女双方以永久共同生活为目的，以夫妻的权利和义务为内容的合法结合。

二、家庭的概念

家庭是一定亲属共同生活的单位，是基于婚姻关系、血缘关系和收养关系而形成的社会组织形式。

对这个概念，我们应从以下几个方面来理解。

1. 家庭是一个生活单位

家庭在历史上既是生活单位又是生产单位，随着生产的发展，商品交换的出现，社会多层次结构形成，家庭由双重性能结构逐步向单一的生活单位发展。从法律意义上来看，家庭仍然是社会的基本生活单位，而不构成基层的生产单位。家庭作为生活单位具有同财共居的特点，即共同财产、共同居住、共同消费。

2. 家庭是由一定范围的亲属构成的生活单位

家庭是由亲属构成的生活单位，而且只是一定范围的亲属，而不是任何亲属都可以组成为家庭。在我国，亲属是由婚姻、血缘和收养关系所形成的。所谓一定范围的亲属是指法律上有权利和义务关系的亲属才可以构成为家庭。在我国，亲属关系是指夫妻、父母、子女和因收养、继养关系的养子女和继子女以及兄弟姐妹等。在法律上具有人身及财产方面的权利和义务关系，这是构成家庭关系及其赖以存在的基础，在这个范围以外的亲属或无亲属关系的人在一起生活，无相互间的权利和义务关系，不应视为家庭。

3. 家庭是社会生活组织

家庭是社会的细胞，是社会生活组织。家庭生活的内容是十分广泛的，包括经济生活和精神生活。家庭关系包括经济关系、人身关系、伦理关系、法律上的权利和义务关系等。总之，家庭包括社会生活各方面的内容。

如果仅就法学而言，家庭是共同生活的成员，各成员间互享法定的权利、互负法定的义务。

婚姻与家庭的关系极为密切。婚姻是产生家庭的前提，家庭是缔结婚姻的结果；婚姻构成最初的家庭关系，由此又产生出父母子女、兄弟姐妹等其他家庭成员之间的关系；家庭关系中包括有婚姻关系，婚姻关系中也包括有家庭关系。

三、婚姻家庭的两种属性

从婚姻和家庭的概念可以看出，婚姻和家庭都包含两种重要的、不可缺少的因素，即自然性质方面的因素和社会性质方面的因素，也就是说婚姻家庭都具有自然属性和社会属性。

(一) 自然属性

婚姻是男女两性的关系，两性的差别、性的本能和种的繁衍是婚姻的自然前提条件；家庭是以两性结合为前提，以血缘联系为基础的，这是婚姻家庭的自然属性，即生物学、生理学方面的属性。正是因为婚姻家庭具有这种自然属性，生理学、生物学中的某些自然规律必然对婚姻家庭发生作用。在原始社会婚姻家庭形态的演变中，自然选择规律起着重要作用，即通过逐步限制、排斥近亲通婚而使婚姻家庭由低级形态向高级形态发展。任何时代、任何国家的婚姻家庭制度和婚姻家庭立法，都不能无视婚姻家庭的这种自然属性。例如，关于结婚年龄的规定就需要考虑男女生理发育成熟的情况；对近亲结婚的限制；缺乏性行为能力可成为禁止结婚或离婚的理由等所反映了生理上的要求。

（二）社会属性

两性结合和血缘联系不仅是人类婚姻家庭的属性，而且普遍存在于一切高等动物之中，婚姻家庭之所以是人类社会特有的现象，是因为它具有社会属性，社会属性是指婚姻家庭是人的社会关系的一种特殊形式，它依存于一定的社会物质生活条件，具有一定的社会内容。什么样的婚姻是合法的，什么样的婚姻是违法的，这是由统治阶级的政治经济利益决定的。家庭生活包含广泛的社会因素，其社会职能也因社会制度的不同而有所区别，家庭中的权利和义务关系体现社会阶级关系的内容。

社会属性和自然属性构成婚姻和家庭的统一体，这两个方面缺少了哪一个方面，都不能称其为婚姻和家庭。

四、婚姻家庭的社会职能

婚姻家庭这种社会关系，是适应人类社会发展客观需要而出现的，自其产生之时起，就担负着一定的、其他社会组织无法替代的社会职能。这些职能将作为社会组织细胞的婚姻家庭和社会密切地联系在一起，是婚姻家庭的本质和作用在社会生产和社会生活中的具体体现。

一般说来，婚姻家庭不仅起着调节两性关系、维护两性关系的社会秩序的作用，而且是社会中人口再生产的单位、重要的经济单位和教育单位。在不同的社会制度下，上述职能的具体内容不尽相同，反映了一定的社会发展阶段中生产方式和生活方式的要求，现分述如下。

（一）实现人口再生产的职能

人口和人口再生产是社会生存和发展的必要条件。以两性结合和血缘联系为其自然条件的婚姻家庭，作为人口再生产的单位是其自然属性的具体表现。但是，人类社会中的人口再生产并不是一个与社会制度无关的纯自然的过程。历史上的每一种生产方式，都有其特定的人口规律。社会制度不同，婚姻家庭在实现人口再生产的职能时也呈现相应的特点。这是由婚姻与家庭的社会属性决定的。

人类自身的繁衍是在一定的社会关系、婚姻家庭关系中进行的。宏观上的社会人口再生产，在微观上是通过婚姻家庭主体的生育行为实现的。正因为如此，婚姻家庭制度和生育制度具有密切的联系，这也是我国以计划生育作为婚姻家庭法基本原则之一的客观依据。

（二）组织经济生活的职能

家庭的经济职能反映了一定社会中生产力和生产关系的性质和要求，以婚姻为基础的个体家庭自其产生之时便在社会经济生活中起着重要的作用。从历史上来看，不论是奴隶社会还是封建社会，在当时的社会经济结构中都是一个组织生产和消费的基本单位。进入资本主义社会以来，家庭的经济职能虽然有所削弱，但它在经济生活特别是组织消费方面的作用仍然是不容忽视的。我国目前正处在社会主义初级阶段，改革开放以来，家庭的经济职能有所加强。但需要指出的是，家庭作为组织消费的基本单位，仍然是社会分配和组织消费的中介，它在养老育幼方面所起的重要作用，是其他社会组织无法替代的。

（三）教育职能

家庭是社会中的一个教育单位，家庭教育是社会教育的组成部分。基于家庭成员之间特有的血缘的、感情的、经济的和共同生活的联系，使这种教育具有不同于学校教育等其他社会教育的特点。在教育事业不发达的古代社会，家庭教育是主要的教育手段。近现代社会以来，学校和其他教育机构有了很大的发展，但家庭教育在全部社会教育中仍然具有特殊的地位和作用。

家庭是人们经常生活的环境和实践场所，家庭成员间的亲密关系，又为这种教育提供了各种有利的条件。在社会主义制度下，家庭教育、学校教育和其他社会教育应有效地结合起来，更好地发挥其在建设社会主义精神文明中的巨大作用。

第二节 婚姻家庭制度及其历史类型

一、婚姻家庭制度的概念

婚姻家庭制度是社会制度的组成部分，是一定社会所确认的婚姻家庭关系行为规范的总称。

任何社会形态都是一定经济基础和上层建筑的统一。婚姻家庭制度与社会的经济基础、上层建筑领域中的诸多范畴都有极为密切的内在联系。

二、婚姻家庭制度与经济基础的关系

按照历史唯物主义的见解，任何社会制度都是一定的经济基础和上层建筑的统一。经济基础的性质，决定了包括婚姻家庭制度在内的全部上层建筑的性质。从总体上说，有什么样的经济基础，就有什么样的婚姻家庭制度，包括婚姻家庭法律制度。经济基础的变革，必然引起婚姻家庭制度的变革，这是不以人的意志为转移的社会发展的客观规律。

社会制度和婚姻家庭制度的历史演进过程一再表明，不同类型的社会都有与其经济基础相适应的婚姻家庭制度。群婚制、对偶婚制产生并决定于原始公有制的经济基础，剥削阶级社会中的一夫一妻制的婚姻家庭制度产生并决定于生产资料私有制的经济基础。奴隶制的、封建制的和资本主义的婚姻家庭制度，因均以私有制为基础而有其共性，又因各社会中私有制的形式不同而各具特色。在社会主义公有制经济的基础上，形成了新的、更高类型的一夫一妻制的婚姻家庭制度。人类历史上各种婚姻家庭制度依次更替，无一不是经济基础发生变革的必然结果。

婚姻家庭制度也同其他上层建筑一样，对于经济基础并不是消极的、被动的，它能够通过自身特有的途径，积极、主动地反作用于经济基础，通过经济基础而对生产力起着积极的或者消极的影响作用。先进的婚姻家庭制度是促进生产力发展的积极因素，落后的婚姻家庭制度是束缚生产力发展的消极因素。因此，在评价某种婚姻家庭制度时，决不能仅就这一制度本身去考察，更不能以某种"永恒不变的道德"为尺度。对历史上存在的任何一种婚姻家庭制度，都应当全面地、历史地加以分析。归根结底，要看它在一定历史时期对生产力的发展起何种作用。这是我们评价婚姻家庭制度，包括婚姻家庭法律制度时应当遵循的客观标准，也是我们通过完善婚姻家庭制度，促进社会文明进步的理论依据。

三、婚姻家庭制度与上层建筑的关系

经济基础对婚姻家庭制度的要求往往是通过上层建筑各部门反映出来的，上层建筑各部门通过对婚姻家庭制度的制约和影响，体现经济基础的决定作用。在上层建筑中，政治、道德、宗教、风俗习惯等对婚姻家庭制度有特别明显的影响作用。

（一）婚姻家庭制度与政治

阶级社会中的政治制度和政治思想对婚姻家庭制度有强烈的影响。因为政治具有鲜明的阶级性，是统治阶级经济利益的集中体现。政治制度决定婚姻家庭制度，婚姻家庭制度是为一定的政治制度服务的。

（二）婚姻家庭制度与道德

在道德体系中，包含着大量的关于婚姻家庭的信念和行为规则。统治阶级的道德和法是相辅相成的，共同调整婚姻家庭关系。而道德对婚姻家庭关系的调整往往是很强大的。许多婚姻家庭立法没有明确规定的问题就靠道德规范来补充。

（三）婚姻家庭制度与宗教

宗教作为社会意识形态，在历史上对婚姻家庭制度的影响也是十分巨大的。在宗教的教条中，包含着大量的婚姻家庭方面的内容。剥削阶级也总是利用宗教的力量来维护其婚姻家庭制度。

（四）婚姻家庭制度与风俗习惯

此外，风俗习惯等对婚姻家庭制度也有一定的影响和补充作用。

四、婚姻家庭制度的历史类型

婚姻家庭制度是一种社会历史现象，它随着社会历史的发展变化而变化。在人类的早期阶段，即原始群初期，人类杂居群处，男女两性之间是一种杂乱的性交关系，因而无所谓婚姻，也无所谓家庭。我国古籍《吕氏春秋》对于原始人类的生活有这样的描述："其民聚生群处，知母不知父，无亲戚兄弟夫妇男女之别，无上下长幼之道……。"可谓对那时情况的写照。此后，随着生产力的发展，社会的进步，当两性关系最初受到自然选择规律的作用，在不同辈的男女之间被禁止的时候起，在人类历史上才出现了婚姻和家庭。人类的婚姻家庭制度共经历了三个阶段，即群婚制、对偶婚制和单偶婚制（一夫一妻制）。

（一）群婚制

群婚是指一群男子和一群女子互为夫妻的集团婚。群婚大约产生于原始社会的初期到中期。群婚与当时生产力水平低、生产资料是氏族公社公有制有关。从群婚发展阶段看，群婚又分为血缘群婚制（血缘家庭）和亚血缘群婚制（亚血缘家庭）或称普那路亚婚（普那路亚家庭）。

1. 血缘群婚制

血缘群婚制是群婚制的低级形式，这种制度已经排除了直系血亲之间两性关系，父母和子女、祖父母和孙子女等之间存在严格的婚姻禁例。两性关系只是在同行辈中发生。

血缘群婚制是按行辈来划分的，在一个原始群体内，组成若干同行辈的婚姻集团，即所有的祖父母同辈都互为夫妻；同样，其子女即兄弟姐妹同辈又构成第三个婚姻集团，以此类推。

我国古代传说中的伏羲氏和女娲氏或被说成是兄妹，或被说成是夫妻，其实就是血缘群婚制在人们头脑中留下的影子。

2. 亚血缘群婚制

亚血缘群婚制是群婚制的高级形式。亚血缘群婚制是指一群同胞的或血缘较远的姊妹和一群同辈而不包括她们的兄弟在内的男子，或一群同胞的或血缘较远的兄弟和一群同胞而不包括他们的姊妹在内的女子互为夫妻的集团婚。

在亚血缘群婚制家庭里，女子之间不再互称姊妹，男子之间不再互称兄弟，而都称为"普那路亚"（意思是"亲密的同伴"）。"普那路亚家庭"因此而得名。亚血缘群婚与血缘群婚相比，是一个重大的进步。由于它的出现，导致了外婚制的开始和氏族制度的直接发生。

我国在某些少数民族中流行着兄弟共妻、姊妹共夫，很可能是这种亚血缘群婚的残余表现。尽管群婚和个体婚有差别，但两者都是当时社会确认的男女两性的结合形式，婚姻双方已有一定的权利和义务。因此群婚也是一种婚姻形式。

（二）对偶婚制

对偶婚亦称"对偶家庭"，是指在或长或短的时期内由一男一女组成配偶的婚姻。这种婚姻形式：一个男子在许多妻子中有一个主妻（还不能称为爱妻），而他对于这个女子来说也是她的许多丈夫中的一个主夫。

对偶婚以女子为中心，实行男嫁夫、从妇居的婚姻居住制度，但其结合并不巩固，易为任何一方所拆离。

群婚制时期，人们只能确定子女的生母，不知其父。对偶婚时期，这种情况已不存在，人们不但能确定子女的生母，同时也能确定子女的生父，子女既知其母，也知其父。这为后来的父系氏族制和单偶婚制（一夫一妻制）的产生准备了条件。

北美易洛魁人曾盛行过对偶婚制。我国云南永宁纳西族存在"望门居"的"阿注"（朋友）关系。"阿注"婚姻就是对偶婚的残存形态。

（三）单偶婚制（一夫一妻制）

单偶婚制亦称一夫一妻制，是指一男一女结为夫妻的婚姻和家庭形式，它产生于原始社会的末期，是从对偶婚中产生的。一夫一妻制是随着社会生产力的发展、私有制的出现而产生和发展的，它一开始出现，就比对偶婚制下的家庭要牢固很多，它是由于社会生产发展的客观需要而建立的。

人类婚姻家庭制度的发展、变化经历了群婚制、对偶婚制的发展阶段在奴隶社会、封建社会、资本主义社会和社会主义社会，都是一夫一妻制的婚姻形态。

1. 奴隶社会的一夫一妻制

奴隶社会的婚姻家庭是建立在奴隶制生产关系基础之上的。在奴隶制社会，奴隶主占有全部生产资料和劳动者（奴隶），奴隶主对奴隶有生杀予夺的大权。所以，奴隶社会的婚姻家庭制度具有粗野、残暴的和丈夫对妻子、家长对家庭成员具有绝对支配权的特点。

（1）父权制家庭的出现，是奴隶社会家庭的主要标志。罗马的父权支配着妻子、子女和一定量的奴隶，并且对它们握有生杀之权。

（2）父权制婚姻是奴隶制婚姻的又一重要特征。

为了保证妻子的贞操，从而保证子女出生自一定的父亲，妻子便落在丈夫的绝对权力之下；即使打死了她那也不过是丈夫在行使他的权力罢了。

（3）多妻制是奴隶制婚姻家庭的第三个特点。

战争中被俘的年轻姑娘，成为胜利者肉欲的牺牲品。对于年轻美貌的女奴隶，奴隶主可以任意占有其为妾。这就使一夫一妻制从一开始就具有特殊的性质。多妻制是奴隶制的产物，只有占据特殊地位的富人和显贵人物才能得到。多个妻子也可以用购买女奴隶的办法取得。

2. 封建社会的一夫一妻制

封建社会的婚姻家庭是建立在封建主义生产关系的基础上的。封建社会生产关系的特点是，封建主占有生产资料和不完全占有生产者，人身依附关系是封建社会的特点，封建制的婚姻家庭与奴隶制一脉相承。奴隶主失掉了对家庭成员的生杀予夺之权，但保留家父、丈夫的其他一切的特权。这种婚姻家庭制度具有如下特点：

（1）包办强迫、买卖婚姻；
（2）男尊女卑、夫权统治；
（3）与一夫一妻制并存的是一夫多妻制；
（4）家长专制，漠视子女利益。

3. 资本主义社会的一夫一妻制

资本主义生产关系的基础是资本家的生产资料私有制。资本主义社会的突出特点是商品货币关系支配一切，甚至连人的灵魂贞操和肉体也都变成了商品。所以婚姻家庭制度也呈现出与奴隶制和封建制不同的特点：

（1）取消了封建的包办买卖婚姻，主张婚姻自由；
（2）用"男女平等"的口号代替了"男尊女卑"；
（3）以通奸、卖淫为补充的一夫一妻制代替奴隶主、封建主公开进行的"多妻制"；
（4）自给自足的家庭经济解体。

4. 社会主义的一夫一妻制

社会主义的婚姻家庭制度是人类有史以来最先进的婚姻家庭制度，因为它是建立在进步的所有制基础之上的。无产阶级革命取得胜利，建立了先进的社会主义制度，实现了生产资料的社会主义公有制，从而消灭了剥削，铲除了一切不平等现象的社会经济根源。

社会主义婚姻家庭制度具有婚姻自由、一夫一妻、男女平等、保护妇女、儿童和老人合法权益等特点，是优越的婚姻家庭制度。它代表了人类婚姻家庭关系发展的方向。

五、对未来家庭的展望

未来婚姻家庭的特征：第一，婚姻和家庭是建立在生产资料公有制基础之上的；第二，随着生产资料转为社会所有，个体家庭将不再是社会的经济单位；第三，以婚姻家庭的个人性爱为基础，以自由平等为前提。

复习思考题：

1. 掌握婚姻、家庭的概念。
2. 如何理解婚姻家庭的自然属性和社会属性？
3. 试述婚姻家庭制度产生、演变的历史进程。

第二章　婚姻家庭法概述

第一节　婚姻家庭法的历史沿革

一、古代型的婚姻家庭法

（一）中国古代的婚姻家庭法

1. 奴隶制社会的婚礼和家礼

中国古代法有其自身的特点，刑的起源较早，成文法典的制定和公布较晚，它是从奴隶制到封建制的社会变革过程的产物。在整个奴隶制时代，婚姻家庭关系主要是由维护宗法制度的礼和为统治阶级所认可的习惯来调整的。一般说来，调整婚姻家庭关系的礼实际上起着法的作用。

奴隶主贵族的婚礼和家礼，在《仪礼》《礼记》等古籍和相关著作中留下了比较系统的记载。《礼记》中分礼为六："礼始于冠，本于昏，重于丧、祭，尊于朝、聘，和于射、乡"。其中，冠、昏、丧、祭都是奴隶主贵族在婚姻家庭领域中必须遵守的行为规则，礼主要用于调整统治阶级内部的关系，至于广大奴隶的婚姻家庭生活当然是不会见诸礼制的，这方面的一些问题是由统治阶级认可的习惯调整的。

奴隶制时代的婚姻家庭制度完全依附于宗法制度，两者具有密切的内在联系。在一定意义上也可以说，婚姻家庭制度就是宗法制度的组成部分，以婚姻为基础的家庭就是宗法系统中的细胞组织。当时的宗族组织和政治组织是强固地结合在一起的。所谓"别子为祖，继别为宗，继祢者为小宗。有百世不迁之宗，有五世则迁之宗。百世不迁者，别子之后也；宗其继别子之所出者，百世不迁者也。宗其继高祖者，五世则迁者也"。这就是宗族的组织法，也是宗法制国家的组织法。有关婚姻家庭的礼，都直接或间接反映了维护宗法制度的需要。例如，将"上以事宗庙，下以继后世"作为婚礼的最高宗旨，将"孝、悌"作为家礼的最高原则，通过巩固家庭、家族中的宗法秩序以巩固全社会的宗法秩序。

古代宗法伦理观念对婚姻十分重视，将婚礼置于礼之本的地位。《礼记》指出，"男女有别，而后夫妇有义；夫妇有义，而后父子有亲；父子有亲，而后君臣有正。……君子之道，造端乎夫妇"，婚姻是被认为人伦之始的。但是，就当时的婚礼的内容来看，它主要是为了维护统治阶级的一夫一妻制和包办、买卖婚姻服务的。在统治阶级中，名义上的一夫一妻制和事实上的一夫多妻制并行而不悖。就礼制而言，正妻仅为一人，但并不妨碍其夫占有妻以外的女性。这种事实上的多妻制具有强烈的等级制的特点。多妻的状况是与夫的身份、地位、权力等成正比的。《礼记·昏义》中记载："古者天子后立六宫、三夫人、九嫔、二十七世妇、八十一御妻。"其他古籍中也有诸侯一娶九女，卿、大夫一妻二妾，士一妻一妾等记述。从婚姻成立的程序来看，奴隶制时代后期已经以聘娶婚作为主要的结婚方式。这种婚姻是以父母等尊长对子女、卑幼的婚事实行包办强迫为特征的，往往以聘娶为名，行买卖之实。至于内容繁多的家礼，则是以维护家长权、父权、夫权为其核心内容的，家长、父、夫往往一身而三任。当时的家庭，是以男性为中心的父系、父权、父治的家长制家庭。所谓"天无二日，国无二君，家无二尊"，所谓"君者，国之隆也；父者，家之隆也；隆而治，二而乱"，都说明了家长在全家中处于支配一切的地位，他的权力是至高无上的，也是不可分割的。家长身份的确定取得，则是按照嫡长继承制来确定的。在嫡子不止一人的情况下，"立嫡以长不以贤"；在嫡庶子并存的情形下，"立嫡以贵不以长"；在均为庶子的情形下，有时立其长者，有时以占卜的方式来确定。宗法制家庭是宗法制社会的一个缩影，子女、卑幼对父母、家长要绝对服从，恪守孝道，在人身关系和财产关系方面都受着家礼的重重束缚。家礼对妇女的束缚更是较男子为甚。"三从四德"之礼在奴隶制时代已经发端。妇女的一生，从生到死，都处于依附于男子的地位。此外，嫁娶程序方面的"六礼"，婚姻离异方面的"七出""三不去"，以及有关服制等制度在中国古代的礼和法中具有长期的深远影响。

2. 封建社会的户婚律

在中国封建社会里，调整婚姻家庭关系礼律并重。一方面，在奴隶制的宗法制度被封建制的宗法制替代以后，古已有之的婚礼、家礼在经过改造、补充后仍然发挥其重要作用，成为维护封建宗法统治的有效手段；另一方面，有关婚姻家庭的立法也有一定的发展，这方面的法律规范是诸法合体的古代封建法典的组成部分。

与婚姻家庭有关的成文法源自战国时期。《法经·杂律》中有关奸淫的规定，秦律中有关家罪和户籍、赋税等规定，就其性质而言属于刑法、行政法的范围，还不是系统调整婚姻家庭关系的法律。

汉《九章律》中始有《户律》一章，用以规定婚姻家庭和与此有关的其他事项。三国、两晋、南北朝上承汉制而又有所损益。《魏律》十八章、《晋律》二十章，其中均有《户律》。《北齐律》中有《婚户律》。《北周律》中分列《婚姻》《户禁》两篇。南朝诸国基本上沿用《晋律》的有关规定。隋《开皇律》中将关于婚、户的规定合为一篇，《大业律》再次分为《户律》和《婚律》。中国封建时代的婚姻家庭法至唐代进入了全盛时期。现存的唐《永徽律》以《户婚》为第四篇，分为上中下3卷，共计46条，有关婚姻家庭的规定是其中的重要内容。唐《户婚律》集封建社会前期婚姻家庭法之大成，是以后历代王朝婚姻家庭立法的蓝本，并且远播域外，对我国周边的一些国家、地区的婚姻家庭法也有颇大的影响。宋代的婚姻家庭立法载于《宋刑统》。辽、金、元各代的法律，如条例、制书、新格中均有关于户、婚事项的规定，只是不以律命名而已。《明律》中分列吏、户、礼、兵、刑、工六律，在立法体例上有了进一步的发展。《明律·户律》之下又细分为婚姻等七门。清律中的婚姻家庭法规范，从体例上和内容上来看，基本上都是因袭《明律》的。除律以外，封建时代的其他法律形式，如

"户令"等，在调整婚姻家庭关系方面也起着重要的作用。在后期的法律体系中，与律并行的"例"也越来越多。有关的"例"是处理婚姻家庭案件的直接依据。

中国封建社会中的户婚律是以维护婚姻家庭领域的封建伦理纲常为其根本宗旨的。在婚姻方面，公然肯定和实行包办强迫婚姻；对父母尊长的主婚权、订婚要件、婚姻障碍、嫁娶程序、违律嫁娶的责任和婚姻离异等都作了具体的规定。在家庭方面，户婚律不遗余力地巩固封建家长制，维护父权和夫权；将男女、夫妇、尊卑、长幼之间的不平等的身份关系、财产关系，以法律的形式固定下来。对立嫡违法，违反教令，祖父母、父母在而子孙别籍异财、卑幼私辄用财等的惩罚性规定，就是一些明显的例证。此外，历代封建法律中有关服制的规定，《名例》中将"不孝""恶逆"等列为"十恶"的规定，《斗讼》中有关亲属相犯依尊卑之别减刑或加刑的规定等，也是与户婚律中的规定相互配合的。

应当指出，中国古代的婚姻家庭法在表现形式上有其自身的特点。总的说来，有关婚姻家庭的规定详于礼而略于法。婚姻家庭领域的规范在奴隶制时代是一统于礼的。即使在封建制时代，律虽然已成为调整婚姻家庭关系的重要手段，但并不是唯一的手段，甚至也不是最主要的手段。历代封建王朝对婚姻家庭关系的调整是礼、律并用，以礼为主、以律为辅的。自汉以后，"父为子纲""夫为妻纲"和"君为臣纲"一样，被推崇为封建伦常的基本支柱，成为婚姻家庭立法的指导思想和基本原则。在许多立法中，都可以看到礼法交融甚至以礼入法的现象。在婚姻家庭领域中，律、令等法律规范就其内容而言是很不全面的，所规定的主要是那些与刑相关，即一旦违反即处以刑的问题，其他方面的全部委诸于礼。为国家所认可的有关婚姻家庭的礼制，就其实质而言同样也是婚姻家庭法的重要组成部分。正因为如此，封建时代户婚等律在调整范围上是有其局限性的，即使是比较完备的法典如唐律、明律等，对婚姻家庭关系的调整也有许多疏漏之处。只有将礼制和法制结合起来考查，才能揭示中国古代婚姻家庭制度的全貌。

(二) 外国古代的婚姻家庭法

在奴隶制时代初期，婚姻家庭关系主要是由习惯法加以调整的，后来才逐渐采取了成文法典的形式。外国古代法一般也是诸法合体的，不同时代、不同国家的婚姻家庭立法有其自身的特征。

1. 古代罗马的亲属法

古代罗马是高度发达的奴隶制国家，古代罗马法中已有公法、私法之分，著称于世的包括亲属法在内的古代罗马私法，比同时代的许多国家更为完备。古代罗马亲属法以婚姻家庭法规范为其重要内容，为奴隶制时代的家庭制度提供了系统的法律形式，对后世各国的婚姻家庭立法有很大的影响。公元前 5 世纪时制定的《十二铜表法》中，就有了关于家父权的规定。从共和国时期到帝国时期，民众大会通过的法律、元老院的决议、皇帝的敕令和最高裁判官法等，其中都有大量的婚姻家庭法规范。东罗马帝国查士丁尼在位期间，对罗马法进行了集中统一的编纂。《查士丁尼法典》《法学阶梯》和《法学汇纂》中的有关规定和阐述，为研究古罗马的亲属和婚姻家庭制度提供了丰富的资料。古代罗马的亲属制度具有强烈的宗法性质，人身依附关系十分突出。早期的婚姻权从属于家父权，家庭则完全是父系、父权、父治的。

古代罗马法中实行婚约制度。早期的婚约具有相当强大的法律效力，婚约男女双方在一定时期内有结婚的义务。订婚出于父命，女方对其父所选择的人，除其为人格减等或品行恶劣者外，不得抗拒。关于结婚的条件和程序，在市民法和万民法中有不同的规定。按照市民法规定而成立的称为正式婚，即有夫权的婚姻。结婚方式分为三种：一是共食婚，二是买卖婚，三是时效婚。共食婚须履行隆重的宗教仪式。买卖婚须由男子在计量者面前以要式契约的方式买受女子。时效婚要求男女双方须在事实上同居一年后才视为正式配偶，如女方外宿达三日以上，时效即告中断。按照万民法规定而成立的称为略式婚，即无夫权的婚姻。在符合法定要件时，依当事人的合意即可成婚。市民法上的结婚方式主要盛行于古罗马奴隶制前期，到了后期逐渐被万民法上的合意婚所代替。

家父权和夫权在罗马法的亲属制度中具有十分重要的地位。按照早期法律中的有关规定，家父在家庭中有司祭祀的权力、司审判的权力、支配家庭财产的权力，甚至还有出卖子女的权力。后期法律中对家父权有所限制，家子也可依法取得一定的特有财产。夫权在市民法中因正式婚姻而取得，有夫权的婚姻中妻子的家庭地位低下，在人身关系、财产关系方面均受夫权的支配。妻子不仅具有与女儿类似的法律地位，而且同养子女一样发生人格小减等的法律后果。夫对妻享有惩戒权等诸多权力。由于实行吸收财产制，妻的财产亦归其夫所有。在无夫权的婚姻中，妻的家庭地位相对来说有了较大的改善，在人身权利和财产权利上具有一定的独立性，这被后世的一些法学家认为是夫妻别体主义的萌芽。其实，即使按照万民法的规定，夫妻双方也不是地位平等的主体。

在古代罗马亲属法中，婚姻终止的原因有三，即配偶死亡、自由权或市民权的丧失、离婚。在特定的情况下，一方地位的重大变化亦可依法终止婚姻关系。离婚可分为协议离婚和片意离婚两种，前者出于夫妻双方的共同意思，后者出于夫妻一方的单独意思，各有其不同的法律程序。在罗马奴隶制时期，对于处于家父权之下的婚姻当事人来说，即使并非出于本人的意思，家父亦可责令其离婚，到了帝国时期这种离婚方式已被废除。就离婚的法定理由而言，对夫妻双方的规定也是很不平等的。

应当指出，从《十二铜表法》到《查士丁尼法典》，在千余年的漫长的过程中，罗马法中的婚姻家庭法是有很大变化的。一般说来，前期的法律十分严峻，夫妻、父母、子女、家长与子女之间的人身依附关系十分显著。到了后期，由于商品经济的发展等原因，婚姻家庭领域中的人身依附关系开始有所削弱。罗马亲属法中许多制度及一些具体规定，对许多国家的近现代型婚姻家庭法有很大的影响。

2. 欧洲中世纪各国的婚姻家庭法

西罗马帝国灭亡后，欧洲一些国家在日耳曼人氏族制解体和接受罗马文明影响的条件下逐步建立了封建主义的婚姻家庭制度。在整个欧洲中世纪，各国的婚姻家庭法具有发展缓慢、宗教影响强烈以及多样性和地域性等特点，其渊源主要是习惯法、寺院法、罗马法三个方面。各国的婚姻家庭法差别很大，甚至在一国之内，其适用的法律也是不统一的。

习惯法是欧洲中世纪各国婚姻家庭法的最重要的渊源之一。早期封建制国家的法典中有关婚姻家庭的规定，主要是习惯法的汇集和编纂。法兰克王国的《萨利克法》和《里普里安法》等，便是这方面的明显例证。按照《萨利克法》第 44 条规定，欲娶寡妇者须交纳一定数量的聘礼，在聘礼受领人的顺序中，寡妇的外甥即其母姊妹之子（以长者为先）处于最为优先的地位，次即其外甥之子、母之堂姊妹之子、母之兄弟，然后才是其前夫之兄弟等。这就十分清楚地说明，早期习惯法中还保存着某些母系氏族社会遗留下来的婚俗。综观日耳曼国家的结婚法，婚姻的成立多以交付聘礼为要件，通过双方家长订立契约而成立婚姻，已经取代较早时期实行的更为原始的婚姻方式。在家庭中，父权和夫权十分强大，子女、妻子等处于依附的地位，子只有在结婚后自立门户，才能脱离父权的支配。有些习惯法中还规定，与自由民之妻通奸者，应向其夫支付赎罪金。离婚具有浓厚的夫权主义色彩，但夫离弃其妻时须有为习惯法所认可的理由。按照早期的习惯法，从原始社会蜕变而来的血亲团体，在婚姻家庭生活中仍然起着很大的作用。例如，早期的习惯法规定，血亲团体对寡妇和丧父的子女有监护之权，但同时也有一定照料之责。各级封建领主在婚姻家庭方面享有许多特权，这也是为当时许多国家的习惯法认可的。例如，封建领主嫁女时，附庸有助于嫁奁、嫁资的义务；下级领主无子将封地移转于女性继承人时，上级领主对该女的婚姻有同意权；领主对与其农奴成婚之女，有初夜权；等等。

随着欧洲各国封建化的加深，习惯法在内容上也是有所变化的。罗马法和日耳曼法的交融，寺院法的兴盛和王室制定的法律的颁行等，不断地为婚姻家庭法注入新的内容。但是，即使到了中世纪后期，习惯法的作用在许多国家中仍是历久不衰的。

寺院法亦称宗规法或天主教教会法，它对世俗事务特别是婚姻家庭生活的干预，是随着教义的传播、教权的伸张和教令的统一而逐渐强化的。寺院法中有关婚姻家庭的内容主要以《新约全书》《使徒教律》《使徒约章》及宗教大会的决议、教皇颁发的教令集等为依据。《旧约全书》中的一些伦理原则也是寺院法中婚姻家庭法规范的重要渊源。1234年，教皇格利高里九世在位时编撰的教会汇编中，即以婚姻法为其第四编。

当时的教会以婚姻家庭为其世袭领地，力图使其宗教化和神圣化。结婚被视为一种宣誓圣礼（或译"圣典"）。寺院法诸教义要求婚姻的成立符合该法规定的种种要件。在实质要件方面列举了众多的婚姻障碍，亦称阻挠婚姻成立的原因。在形式要件方面要求举行一定的宗教仪式，当事人应将成婚之事在本地教会中公告。关于婚姻的解除，寺院法诸教义采取禁止离婚主义。《马太福音》中说，"神作之合者，人不得而离之"。这就是禁止离婚的宗教依据。当时，确认婚姻无效和别居制，在一定意义上是作为禁止离婚的救济手段而使用的。对有关婚姻家庭的其他一些事项，如收养、监护、继承以及某些特定种类的犯罪（如重婚罪、通奸罪、乱伦罪）等，寺院法的权威也是凌驾于世俗立法之上的。宗教改革以后，婚姻家庭方面的立法权和司法权逐渐由教会转归国家机关，婚姻家庭从天国回到人间，这一过程曾被形象地称为"婚姻还俗运动"。

自中世纪开始，罗马亲属法对欧洲各国的影响一直存在，从未间断。它在东罗马帝国完全适用；从7世纪到9世纪，它是拜占庭帝国的重要渊源。西欧各国在适用日耳曼习惯法、寺院法即天主教教会法的同时，还按照属人主义的原则对原罗马帝国疆域的居民有选择地适用罗马法，12世纪以来，欧洲各国先后出现了罗马法复兴运动。罗马亲属法的原理、原则和一些具体规定得到了广泛的研究和应用，从而促进了各国婚姻家庭立法的发展。当时，一些国家对罗马亲属法的继承并不是同步的。罗马亲属法在不同国家和地区中的影响是大小有别的。到了 16 世纪，罗马法几乎成为欧洲多数国家的普通法，起着补充各国法律包括习惯法之不足的作用。早期的资产阶级法学往往是借助于罗马法提供的现成模式来表达本阶级的法律要求的，亲属法也不例外。对罗马亲属法的研究和应用，在一定程度上推动了从古代型的婚姻家庭法到近现代型婚姻家庭法的转变。

二、近现代型的婚姻家庭法

（一）资产阶级国家婚姻家庭法

同古代型的婚姻家庭法相比较，资产阶级国家的婚姻家庭法无论在内容和形式上都有了重大的变化。资产阶级的法律不再是诸法合体的，在法律体系中形成若干各有其调整范围的法律部门。以婚姻家庭法为主体的亲属法，是民法的重要组成部分。按照传统法学中的一般解释，亲属法和其他民事法律都具有私法的性质。亲属法是规定亲属关系的发生、变更和终止，以及基于亲属身份而发生的权利和义务的法律。其中，调整人身关系的被称为纯粹亲属法，调整财产关系的被称为亲属财产法。在法律上设有家制的国家里，家长、家属关系也由亲属法加以调整。亲属法的含义虽较婚姻家庭法广，实际上是以婚姻家庭法为基本内容的。在编制方法上，欧洲大陆的许多国家和属于大陆法系的国家，一般均将亲属法编入民法典，如法国、德国、瑞士、日本等。由于亲属法在民法典中所处的地位不同，又有法国式编制法和德国式编制法的区别。英国、美国和其他属于英美法系的国家没有统一编制的民法典，这些国家的亲属法（婚姻家庭法）是由一系列的单行法构成的。

1. 《法国民法典》《德国民法典》中的婚姻家庭法

1804 年《法国民法典》（《拿破仑法典》）中的亲属制度，在资本主义国家早期的婚姻家庭立法中是很有代表性的。这部民法典依照罗马法的体例，在第一编人法中将民事主体和亲属关系方面的问题规定在一起。有关婚姻、家庭的具体规定主要集中在该编的第五章至第十章，其内容包括结婚、离婚、父母子女、收养与非正式监护、亲权以及未成年人监护及亲权解除等。在第三编中，对夫妻财产契约及夫妻间的权利作了详尽的规定。其他编、章也有若干涉及亲属关系的规定。《法国民法典》中的亲属法，以法律的形式宣告资本主义婚姻家庭制度的确立，在世界亲属立法史上具有划时代的重要意义，对其他国家的亲属立法也有很大的影响。

关于婚姻的成立，该法对结婚合意、法定婚龄、禁止结婚的亲属关系和禁止重婚等都作了具体规定。在当时的历史条件下，这对确立资产阶级的婚姻自由原则是有进步意义的。但该法同时又规定，子女未达到一定年龄（男 25 岁，女 21 岁）时非经父母同意不得结婚。父母意见不一致时，由父亲同意即可。即使当事人已达上述年龄，也要通过法定方式征得父母等尊亲属的同意。否则，只有在符合有关规定的条件下才能举行婚姻仪式。

关于婚姻的效力，该法规定夫妻互负忠实、帮助、救援等义务。并且确认，双方只要不违背善良风俗和法律规定，在处理夫妻财产关系时可随意订立契约。但是，夫妻法律地位的不平等在该法中仍有明显的表现，如妻应顺从其夫，妻未得其夫同意不得为某些特定的法律行为包括诉讼行为等。这种不平等性，在夫妻财产关系方面表现尤为明显。

关于婚姻的终止，该法规定婚姻因夫妻一方死亡（包括宣告死亡）或离婚而解除。在有关规定中列举了各种法定的离婚理由，同时还规定了须受法律严格限制的协议离婚制度。离婚理由方面的某些规定对夫妻双方来说是不平等、不公正的。例如，夫以妻通奸为理由诉请离婚，妻仅在以其夫通奸且于夫妻共同居所实行姘居为理由时始得诉请离婚。1816 年专制王朝复辟后，在法律上废止了关于离婚的原有规定，1884 年才予以恢复，但当时并没有恢复协议离婚制度。

在亲子关系方面，《法国民法典》对父母子女间的权利和义务作了各种具体规定。关于亲权的规定仍然是以父母为本位的，亲权为父母双方享有，实际上主要由父行使。例如，父有权将处于亲权之下的子女加以拘留，有权管理未成年子女的财产，并对该项财产享有用益权等。非婚生子女的法律地位，更是远较婚生子女低下。

1804 年《法国民法典》至今有效，经过多次修改后，有关亲属法的内容已经大有改观。1945 年法国设立了民法修改委员会，对亲属法部分的许多条款，分别予以废止、修改或增补。70 多年的变化，涉及收养、夫妻财产制、非婚生子女地位、离婚制度等诸多方面。法国亲属法的历次改革，在大陆法系的亲属立法史上留下了重要的轨迹。从 1979 年修正后的《法国民法典》中，可以看到当代法国亲属法的全貌。

1896 年公布、1900 年施行的《德国民法典》的亲属编，在大陆法系国家的婚姻家庭法中也是很有代表性的。《德国民法典》是从资本主义时代向帝国主义时代过渡的产物，亲属法部分既吸取了《法国民法典》的成果，又反映了新的时代特点。亲属法是《德国民法典》的第四编，它对民事婚姻、亲属和监护制度等作了全面、详尽的规定。在结婚、离婚等问题上，该法的规定较法国亲属法有所进步，已婚妇女和子女的法律地位同一些资本主义国家早期立法相比也有所改善。但是，封建传统的影响在有关条款中仍然存在。夫妻关系、亲子关系方面的某些规定便是明显的例证。总的说来，该编的内容比法国亲属法更为全面地表达了资本主义婚姻家庭制度的要求。在体系结构、立法技术等方面也更为周密、严谨、成熟。但它的种种烦琐、复杂之处，又是常为人们所诟病的。

《德国民法典》亲属编在颁行后同样也作过多次修改。在纳粹德国时期，《德国民法典》中有关婚姻要件、婚姻的无效及撤销等规定均被废止，代之以 1938 年颁行的婚姻法。第二次世界大战后，又废止了 1938 年婚姻法，代之以 1946 年婚姻法；《德国民法典》亲属编的许多条文也被作了全面的修订。1957 年《男女平权法》、1969 年《非婚生子女地位法》的颁行、1977 年的离婚法改革等，都是德国婚姻家庭法发展过程中的重大事件。

《法国民法典》中的亲属法和《德国民法典》的亲属编，对资本主义国家婚姻家庭立法的影响是很广泛、深刻的，不少国家采用了它们的立法模式。1898 年的《日本民法典》亲属编和 1930 年的国民党政府颁布的民法亲属编，都是仿效大陆法系国家的亲属法制定的。

2. 英、美等国的婚姻家庭法

英国亲属法虽然也在相当程度上受罗马法的影响，但不如欧洲大陆国家那么明显，它具有基于自身的历史传统而形成的种种特点。自中世纪以来，英国亲属法在一个很长的时期中以不成文法为其主要形式。普通法和衡平法在调整婚姻家庭关系方面起着重要的作用。与大陆法系各国不同，英国和英美法系各国的亲属立法不采取法典主义而采取单行法主义。这方面的法律名目繁多，在不同国家中的称谓也不一致。结婚法、离婚法、家庭法、已婚妇女财产法、处理夫妻案件法、亲子法、监护法等单行法，都是婚姻家庭法的组成部分。在亲属法近现代化的过程中，英国在立法上的改革是比较缓慢、保守的。这种情况在第二次世界大战后有了明显的改变。

在结婚问题上，1836 年婚姻条例开始承认在政府机关登记的民事婚。1898 年的婚姻条例规定不以举行宗教仪式为婚姻成立的必经程序。在离婚问题上，1857 年以前，英国法仍采取禁止离婚主义。法院无权作出离婚的判决。因特别重大的理由需要离异的，须经议会通过法案才被准许。1857 年英国颁行的《处理夫妻案件法》开始实行判决离婚制度。当时离婚的法定理由极为有限，经过多次修改后离婚的法定理由才逐渐扩大。在家庭关系方面，早期法律中留有许多封建的残余影响。妻处于依附夫的地位，父母双方在未成年子女的监护问题上权利也是不平等的。1870 年《已婚妇女财产法》扩大了妻在家庭中的财产权利。1882 年在法律上开始承认夫妻分别财产制，并承认妻有独立的缔结契约的权利。1925 年的《扶养法》施行后，如果父方的行为不端，亦可依法指定母方为未成年子女的监护人。英国法原来是不承认收养制度的，1926 年的《养子法》颁行后，由不承认转为承认。

自第二次世界大战结束至今，英国先后颁行了为数众多的有关婚姻家庭的单行法，如 1949 年的《婚姻条例》、1964 年的《堕胎法》和《夫妻住所法》、1969 年的《家庭改革法》和《离婚法》、1973 年的《婚姻案件条例》、1976 年的《收养条例》等。特别需要指出的是，1969 年的《离婚法》不再像过去那样坚持过错原则，而将婚姻已经无可挽回的破裂作为诉请离婚的理由。为此，原告一方必须证明存在着法律所指明的一项或一项以上的事实，以此作为婚姻破裂的依据。这些事实包括：被告与他人通奸为原告所不能容忍；基于被告的表现，原告无法与其共同生活；被告遗弃原告达二年以上，并在继续状态之中；双方分居二年以上，且被告也同意离婚；双方分居五年以上。由此可见，上述规定是兼采取破裂主义和有责主义，将两者结合起来考虑。英国的婚姻家庭法对不少国家，特别是对英联邦的国家和美国有很大的影响，对我国香港地区婚姻家庭法的影响也是十分明显的。

早在殖民地时代，北美洲许多殖民地区就适用普通法。美国独立以后，许多州的婚姻家庭法都是以英国法为其主要渊源的。由于两国的社会历史条件不同，英国法内早期法律中某些封建传统并没有为美国法所继受。在殖民地时代适用法国和西班牙法律的地区，罗马亲属法的影响较大。

在美国，合法的婚姻有三种形式，即依各州立法而成立的法律婚（民事婚）、依习惯法而成立的习惯婚，以及依宗教仪式而成立的宗教婚。即使在一些不承认习惯婚的州中，某些形式要件上的欠缺并不影响婚姻本身的效力。由于美国的立法是以州为本位的，各州的婚姻家庭法不尽相同，在某些方面的差别甚至是相当大的。例如，有关法定婚龄的规定高低有别，有关婚姻障碍的规定并不是一致的。在美国，各州法律一般都规定夫妻有同居、贞操、扶养等义务。没有正当理由而拒绝同居的则视为遗弃，可作为诉请离婚的理由。各州法律对夫妻财产关系、亲子关系等规定也是不尽相同的。夫妻财产制具有不同的形式，有些州以采用分别财产制为原则，有些州对特定的财产采用共同财产制，共有的范围也是大小有别的。在离婚问题上，各州较早时期的法律规定具有比较浓厚的有责主义的色彩。常见的离婚理由有通奸、虐待、遗弃、一方被判徒刑、无性行为能力、精神失常等。加利福尼亚州的离婚法率先实现了从有责主义到破裂主义的转变，离婚的程序也有所简化。现在几乎所有的州都允许一定形式的无过错离婚，但在具体规定上是有区别的。有些州以婚姻的无可挽回的破裂作为离婚的唯一理由。另一些州除此以外还采用某些传统的离婚理由。在离婚的程序和居住期限的限制等问题上，各州的规定也是有繁有简、宽严不一。有些地区以离婚手续简便而著称，吸引当事人前来办理。1970年，美国统一州法全国委员会通过《统一结婚和离婚法》，其内容已为一些州承认并采用。

关于美国各州婚姻家庭法的内容，此处无法一一详述。以纽约州为例，该州于1982年颁行的《家庭关系法》分为13章，其内容包括：简称和定义，结婚，婚姻的仪式和证明，夫妻间的权利和义务，子女的监护和费用，扶养，认领，收养，婚姻的无效和撤销，离婚诉讼，别居诉讼，以及有关婚姻诉讼的通则性的（即适用于一切婚姻诉讼的）规定等。同年颁行的纽约州《家庭法院法》中，也有不少有关婚姻家庭的实体性的规定。

不论是法国、德国等国的婚姻家庭法还是英国、美国等国的婚姻家庭法，都是资本主义婚姻家庭制度的法律形式。资本主义婚姻家庭制度已经在人类历史上存在了数百年之久。在此期间，社会条件发生了很大的变化，表现在政治、经济、文化、妇女地位、家庭的结构和功能、生活方式和伦理道德等各个方面。这一切都迫使资本主义国家不断地修改婚姻家庭法，以便使其婚姻家庭法更加符合社会需要和统治阶级的根本利益。第二次世界大战结束以后，特别是近30年以来，婚姻家庭立法的变化尤为明显。亲属制度中的封建传统进一步被破除，夫妻在家庭中的法律地位趋于平等，在离婚法上从限制离婚主义向自由离婚主义发展，以及禁止滥用亲权，非婚生子女的法律地位有所改善等，便是上述变化的一些主要表现。对于资本主义婚姻家庭立法的改革，我们应当联系各国社会生活的实际情况予以恰当的评价。一般说来，这些变革对妇女地位的提高和婚姻家庭生活的改善是有一定积极意义的。但是，这些改革又是很不彻底的，是有其局限性的，是在资产阶级的"自由、平等、民主"原则许可的范围内进行的，因而不可能改变资本主义婚姻家庭制度的本质。

（二）社会主义国家的婚姻家庭法

从世界范围来看，诞生于20世纪的社会主义国家的婚姻家庭法经历了两个重要发展阶段。在第一个阶段中，苏联婚姻家庭法是唯一的社会主义类型的婚姻家庭法。在第二个阶段中，随着第二次世界大战后一系列社会主义国家的出现，特别是中华人民共和国的建立，社会主义国家的婚姻家庭法在内容和形式上都得到了重大的发展。在20世纪最后一段岁月中，虽然国际风云变幻，苏联和东欧国家的情况发生了很大的变化，但它们的婚姻家庭法还是可供研究和借鉴的。

早在俄国十月革命胜利之初，苏维埃政权就开始采取立法措施改革婚姻家庭制度。在此之前，沙皇俄国时代的婚姻家庭法以具有浓厚的封建、宗教的色彩而著称。1917年12月18日，全俄苏维埃中央执行委员会和人民委员会发布了《关于民事婚姻、子女和实施户籍登记的法令》，不久以后又发布了《关于离婚的法令》。这些法令在婚姻家庭制度的废旧立新过程中起了重要作用，但其中也有某些过于激进的、后来被实践证明是不切实际的规定。1926年的《俄罗斯联邦婚姻、家庭和监护法典》，为新的婚姻家庭制度奠定了全面的法律基础。1926年的法典包括婚姻、父母子女及其他亲属间的关系、监护及保佐、户籍登记等编。它自1927年起施行多年，在苏联各加盟共和国早期的婚姻家庭立法中是很有代表性的。

在苏联的婚姻家庭法律体系中，各加盟共和国的婚姻、家庭和监护法典是婚姻家庭法的重要渊源。全联盟性的法令在婚姻家庭法的渊源中也占有重要的地位，它是各加盟共和国修改婚姻家庭法的依据。例如，《俄罗斯联邦婚姻、家庭和监护法典》在20世纪40年代的数次修改，以及乌克兰等其他加盟共和国对婚姻、家庭和监护法典所作的类似的修改，都是按照苏联最高苏维埃主席团的命令进行的。

苏联的婚姻家庭法中明确肯定了婚姻自由、男女平等、一夫一妻等原则，在立法上有许多对妇女和儿童的权益予以特殊保护的条款。特别需要指出的是，在苏联的法学理论和立法体制中，婚姻家庭法是一个独立的法律部门，不被认为是民法的组成部分，婚姻家庭法典和民法典同时并存。这种独立部门说曾被后来一些社会主义国家的法学和立法奉为先例，对我国早期的法学和立法也有一定的影响。

除各加盟共和国的法典和全联盟性的法令外，最高法院和司法部的有关规范性文件对适用婚姻家庭法、调整婚姻家庭关系的作用也是不可忽视的。1944年苏联司法部颁行的《法院审理离婚案件的程序》，以及苏联最高法院全体会议就离婚案件的审判实践所作的决议等，便是这方面的一些例证。

第二节　我国婚姻家庭法的历史沿革

一、半殖民地、半封建社会的婚姻家庭法

（一）清末和北洋军阀政府的亲属立法

中国近代的婚姻家庭立法活动发端于清朝末年。1910年12月颁行的《大清现行刑律》，是在修订《大清律例》的基础上制定的一部过渡性的法律，其中也包括婚姻家庭方面的内容。《大清现行刑律》中的婚姻家庭法规范和其他民事法规范，在清朝覆灭后仍被北洋政府援用，称为民事有效部分。从严格的意义上来说，中国婚姻家庭法近代化的尝试是在制定《大清民律草案》时开始的。北洋军阀政府统治时期，对婚姻家庭关系的调整除援用《大清现行刑律》的有关规定外，还通过当时的大理院作出大量的判例和解释，以补充法律之不足。

（二）国民党政府民法亲属编

国民党政府法制局于1928年起草了《亲属法草案》，为后来的民法亲属编作了立法上的准备。作为民法组成部分的亲属编于1930年12月26日公布，自1931年5月5日起施行。这个亲属编的颁行在形式上实现了中国的婚姻家庭法从古代型向近代型的转变。

二、革命根据地的婚姻家庭立法

（一）中华苏维埃共和国婚姻条例和婚姻法

中国共产党于1922年召开的第二次全国代表大会，在宣言中明确指出："废除一切束缚女子的法律，女子在政治上、经济上、社会上、教育上一律享受平等的权利。"

最早在中国共产党领导下建立的闽西革命根据地有自己的婚姻法，鄂豫皖革命根据地也有过《婚姻问题的决议案》。这是中国共产党领导下的革命政权最早期的婚姻立法文献。

1931年，中华苏维埃共和国制定了《中华苏维埃共和国宪法大纲》，这是当时革命政权具有纲领性的政治文献，该大纲第十一条明确规定："中华苏维埃政权以保证彻底的实行妇女解放为目的，承认婚姻自由，实行各种保护妇女的办法，使妇女能从事实上逐渐得到脱离家务的物质基础，而参加全社会经济的、政治的、文化的生活。"

由于《中华苏维埃共和国宪法大纲》从政治上对妇女解放、男女平等、婚姻自由等原则提出了明确的要求，这就为后来制定婚姻法规提供了立法依据。因此，1931年11月26日，中华苏维埃共和国中央执行委员会第一次会议通过了《中华苏维埃共和国婚姻条例》的决议，并于1931年12月1日公布实行，当时中央执行委员会主席是毛泽东，该条例是由其签署公布的。这个条例共分为7章23条。其中第1章明确规定：确定男女婚姻以自由为原则，废除一切封建的包办强迫和买卖的婚姻制度，禁止童养媳，实行一夫一妻，禁止一夫多妻。在《中华苏维埃共和国婚姻条例》的基础上，经过实践、修订，中华苏维埃共和国临时中央政府于1934年4月8日公布了《中华苏维埃共和国婚姻法》，这就从立法形式上有了明显的改进和完善，内容上有了充实和增加，这是革命政权最早也是一部较好的婚姻单行法律。

《中华苏维埃共和国婚姻法》共分为6章21条。它是我国婚姻家庭制度改革史上极为重要的法律文献，它为我国实行新的婚姻家庭制度奠定了原则基础。它对我国后来的婚姻立法有着重要的深刻影响，主要表现在以下几个方面。

1. 确定婚姻自由，一夫一妻原则

《中华苏维埃共和国婚姻法》第1章总则第1条规定："确定男女婚姻以自由为原则，废除一切包办强迫和买卖的婚姻制度，禁止童养媳。"第2条规定："实行一夫一妻，禁止一夫多妻与一妻多夫。"而我国现行婚姻制度仍然坚持贯彻这些原则。

2. 对结婚、离婚的条件和程序作了明确规定

《中华苏维埃共和国婚姻法》第3条规定："结婚的年龄男子须满20岁，女子须满18岁。"第4条规定："男女结婚经双方同意，不许任何一方或第三者加以强迫。"

《中华苏维埃共和国婚姻法》第5条、第6条、第7条分别规定禁止结婚的条件：

"男女三代以内的亲族血统。""患花柳病、麻风病、肺病等危险性传染病。""患神经病及风瘫病者均禁止结婚。"第 8 条规定:"男女结婚,经同意到乡苏维埃或市、区苏维埃举行登记,领取结婚证。"并要求:"废除聘金、聘礼及嫁妆。"《中华苏维埃共和国婚姻法》第 10 条规定:"确定离婚自由,男女一方坚决要求离婚的,即可离婚。"第 12 条规定:"男女离婚,须向苏维埃或市、区苏维埃登记。"这就为建立婚姻家庭方面的法制秩序奠定了立法上的基础。

3. 确定了保护革命军婚的原则

《中华苏维埃共和国婚姻法》第 11 条规定:"红军战士之妻要求离婚经得其夫同意。但在通信便利的地方,经过两年其夫无信回家者,其妻可向当地政府请求登记离婚。在通信困难的地方,经过四年其夫无信回家者,其妻可向当地政府请求登记离婚。"

4. 实行男女平等,保护妇女和子女合法权益的原则

《中华苏维埃共和国婚姻法》第 13 条规定:"离婚后男女原来的财产、债务各自处理。在结婚满一年男女共同经营所增加的财产,男女平分,如有小孩则按人口平分。""离婚后子女如果移居到别的乡村,得依照新居乡村土地分配分得土地。如新居乡村已无土地可分,则子女仍然有原有的土地,其处置办法或出租或出卖或与别人交换,由子女自己决定。"第 13 条还规定:"男女同居时所负的公共债务,则归男子负责清偿。"第 15 条规定:"如未再行结婚,并缺乏劳动力,或没有固定职业因而不能维持生活者,男子应帮助女子耕种土地或维持其生活。""但如果男子自己缺乏劳动力,或没有固定职业不能维持生活者,不在此例。"

对子女合法权益的保护也是明确的。如《中华苏维埃共和国婚姻法》第 16 条规定:"离婚前所生的小孩及怀孕小孩,均归女子抚养。如女子不愿抚养,则归男子抚养,但年长的小孩同时须尊重小孩的意见。"

对子女抚养,在经济上规定以男方负担为主。如《中华苏维埃共和国婚姻法》第 17 条规定:"所有归女子抚养的小孩,由男子负担必需的生活费的 2/3,直到 16 岁为止。"第 18 条规定:"女子再行结婚,其夫愿抚养小孩的,小孩的亲夫才可以不负担前条规定的小孩生活费用。领养小孩的新夫,必须向乡苏维埃或市苏维埃登记,经登记后须负责抚养至成年,不得中途停止和虐待。"同时,规定保护私生子女,这也有利于儿童的健康成长。如第 19 条规定:"一切私生子女均享受本婚姻法上关于合法小孩的一切权利,禁止虐待、抛弃私生子。"

上述这些原则、内容和程序上的规定对中华人民共和国成立后的婚姻立法仍然有着重要的影响,有着深刻的历史意义和现实意义。故将《中华苏维埃共和国婚姻法》誉为革命政权婚姻法的雏形。

(二) 抗日战争时期的婚姻立法

抗日战争时期民族矛盾上升,阶级矛盾居于次要地位。为了便于组织抗日力量,各个革命根据地组成各个抗日民主政权。各抗日民主政权先后制定了适用于本地区的婚姻立法。如 1939 年《陕甘宁边区婚姻条例》、1942 年《陕甘宁边区抗属离婚处理办法》、1944 年《陕甘宁边区修正婚姻暂行条例》、1942 年《晋冀鲁豫边区婚姻暂行条例》。

《晋冀鲁豫边区婚姻暂行条例》颁布后，还制定了施行细则，即《晋冀鲁豫边区婚姻暂行条例细则》、1943 年《晋察冀边区婚姻条例》、1946 年《陕甘宁边区婚姻条例》。

抗日战争时期婚姻立法的特点如下。

（1）革命原则基本精神的一致性。各个抗日革命政权的婚姻立法，都坚持了实行婚姻自由及严格实行一夫一妻制的原则。如晋冀鲁豫边区政府 1943 年 9 月 29 日修改颁布的《晋冀鲁豫边区婚姻暂行条例》第 1 条规定："本条例根据平等自愿一夫一妻制婚姻原则规定之。"《晋冀鲁豫边区婚姻暂行条例》第 2 条规定："止重婚、早婚、纳妾、蓄婢、童养媳、买卖婚姻、租妻及伙同娶妻。"

（2）各个抗日民主政权的婚姻立法在内容上保持了一定的灵活性，因地制宜，不强求统一。如各个抗日革命根据地在婚龄的规定上就存在差别。陕甘宁边区、晋察冀边区都规定婚龄为男 20 岁，女 18 岁；而晋冀鲁豫边区规定："男不满 17 岁，女不满 15 岁者，不得结婚。"

（3）适应抗日斗争政治形势的需要，加强对抗日军人婚姻的保护，打击汉奸卖国贼对国家民族的贩卖行为。如《晋冀鲁豫边区婚姻条例》第 18 条规定："抗日军人之妻（或夫），除确知其夫或（妻）已经死亡外，未经抗日军人本人同意，不得离婚。四年以上毫无音信者，自本条例施行之日起，一年内仍无音讯时，才能另行嫁娶。"同时第 17 条规定"夫妻之一方，充当汉奸者，他方得请求离婚。"

（4）在婚姻立法形式上，存在受国民党政府婚姻亲属法影响，但赋之以革命的内容，而不能简单地理解为立法形式上的继承。国民党政府制定的《中华民国民法典》第 1052 条规定，有下面所列情形之一者，当事人一方得向法院请求离婚：①重婚；②通奸；③一方受他方不堪同居之虐待者；④妻对夫之直系亲属为虐待，或受夫之直系亲属虐待致不堪为共同生活者；⑤一方恶念遗弃他方在继续状态者；⑥一方企图杀害他方者；⑦有不治之恶疾者；⑧有重大不治之精神病者；⑨生死不明已逾 3 年者；⑩被处 3 年以上徒刑或犯不名誉之罪被处徒刑者。

《陕甘宁边区婚姻条例》（1946 年）第 9 条规定，男女之一方因他方有下列情形者，得向县政府请求离婚：①感情意志根本不合，无法继续同居者；②重婚者；③与他人通奸者；④图谋陷害他方者；⑤患不治之恶疾者；⑥不能人道者；⑦以恶意遗弃他方在继续状态中者；⑧虐待他方者；⑨男女之一方不务正业者，屡经劝改无效，影响他方生活者；⑩生死不明已过 3 年者；⑪有其他重大事由者。

这个时期的婚姻条例，是该地区改革婚姻家庭制度的有力武器，它丰富和发展了我国新的婚姻立法的内容。

（三）解放战争时期的婚姻家庭状况

解放战争时期在我国革命发展历史上是一个十分重要、对摧毁封建婚姻制度具有决定性意义的重要时期。这一时期，在婚姻立法形式上没有专门的条例、法规等，但这个时期却是我国封建专制的旧婚姻制度迅速解体的一个十分重要的时期，这时废除封建土地制度，实行土地改革，旧的封建婚姻家庭制度开始崩溃，新民主主义婚姻家庭制度开始孕育、形成。广大人民有了婚姻自由，这个时期的文学作品对这方面的典型事例有过一定的反映和描述。这是由于经济基础发生深刻变化而随之引起的婚姻家庭制度所发生的改革和变化，它是建立新民主主义婚姻家庭制度重要的历史发展阶段。

1949 年中华人民共和国成立后，我国由新民主主义革命时期进入了社会主义革命时期，党和全国人民的任务是建设一个繁荣富强的社会主义新中国。为此，党和人民利用手中的政权，在经济基础和上层建筑等各个方面，进行了一系列的重大社会变革。其中，就包括婚姻家庭方面的建设。我国于 1950 年和 1980 年先后颁布了两部婚姻法，这两部婚姻法在建设社会主义的婚姻家庭制度、创建社会主义精神文明、保障公民在婚姻家庭方面的合法权益等方面发挥了巨大的作用。

三、我国 1950 年婚姻法的颁布与贯彻

（一）我国 1950 年婚姻法的基本精神

中华人民共和国成立初期，广大妇女从"三座大山"的压迫之下解放出来，进而强烈要求从不合理的婚姻家庭关系中解放出来，但是，由于封建主义的婚姻家庭制度还没有在全国范围内被彻底废除，包办婚姻、虐待妇女的事件还经常发生。面对这种情况，如果不从根本上对旧的封建主义的婚姻家庭制度进行改革，势必会严重影响广大群众特别是妇女的积极性。因此，1950 年 4 月 13 日中央人民政府委员会第七次会议通过了《中华人民共和国婚姻法》，并决定自同年 5 月 1 日起公布施行。这是中华人民共和国成立初期我国的一项极为重要的立法，也是中国人民在婚姻家庭问题上反封建斗争的结晶。

我国 1950 年婚姻法共八章二十七条。其基本精神和基本原则是废除包办强迫、男尊女卑、漠视子女利益的封建主义的婚姻家庭制度，实行男女婚姻自由、一夫一妻、男女权利平等、保护妇女和子女合法权益的新民主主义的婚姻家庭制度。它是摧毁封建主义婚姻家庭制度、建立新民主主义婚姻家庭制度的有力武器，也是改造一切旧式的不合理的婚姻家庭关系、建立和发展新的婚姻家庭关系的法律准绳。

（二）我国 1950 年婚姻法的贯彻实施

婚姻法公布实行以后，党和国家十分关心婚姻法的贯彻执行情况。1951 年和 1952 年，中央人民政府政务院内务部、最高人民法院、司法部等有关部门，曾多次发出贯彻婚姻法的指示和检查婚姻法执行情况的指示，确定以 1953 年 3 月为贯彻婚姻法运动月，并对贯彻婚姻法运动的方针、任务、方法和各项具体政策界限作了明确规定。

1. 贯彻婚姻法运动月的任务和方针

这次运动月的任务主要是在全国范围内普遍宣传婚姻法和检查婚姻法的执行情况，以便划清两种制度、两种思想的界限，更有利于广大人民群众在婚姻家庭领域中批驳封建思想、封建制度和封建习俗。同时也反对资产阶级思想和资本主义婚姻家庭制度，树立新思想、新制度和新风尚。

中共中央在《关于贯彻婚姻法运动月工作的补充指示》中指出："除对人民群众中极少数因干涉婚姻自由、虐待妇女而致伤害人命、伤害人身的严重犯罪分子，应主动地加以检查处理外，对一般人民群众应以进行婚姻法的宣传为限。"

2. 处理婚姻案件的政策界限

我国 1950 年婚姻法规定：对于因包办、买卖婚姻和封建思想所造成的婚姻家庭纠

纷，我国主张采取说服教育的方法，在提高思想觉悟的基础上，改善夫妻关系和家庭关系；对那些夫妻关系十分恶劣，确实无法维持的，在调节无效时，批准其离婚的请求；对于我国1950年婚姻法颁布以前的重婚、纳妾问题，如果当事人间相安无事，政府不主动予以追究，如果妻、妾一方因不愿同居而提出离婚的，依法予以准许，男方提出离婚，人民法院可根据保护妇女和子女利益的精神，结合具体情况处理；对于有一般干涉婚姻自由和其违反婚姻法的行为，但未造成严重后果的干部、群众，经批评教育后，只要决心改正错误，一般不再给予处分；对于少数干涉婚姻自由、虐待甚至杀害妇女激起民愤很大的犯罪分子，则要依法予以惩处；对于现役革命军人配偶提出离婚的，应慎重处理；凡是革命军人与家庭有通信联系，或因革命军人处于作战或其他特殊环境而不能与家庭通信虽有2年以上时间，都应该说服其配偶为了国家和人民的最高利益撤回离婚要求，否则，人民法院不予批准；只有在军人本人同意的情况下，才可以准许离婚。

3. 贯彻婚姻法运动月的成就

第一，贯彻婚姻法运动月是在全国范围内第一次有系统地宣传婚姻法的活动，从而使我国1950年婚姻法深入人心，家喻户晓。

第二，贯彻婚姻法运动月检查了县以上各级人民法院、民政部门主管婚姻事务人员，以及区乡政府干部执行婚姻法的情况。划清了封建主义婚姻家庭制度与社会主义婚姻家庭的界限，教育了各级人民政府干部，使他们增强了法制观念，提高了政策水平，改善了工作作风。

第三，贯彻婚姻法运动月明确了贯彻婚姻法的重大意义，打击了违法犯罪分子，保障了人民的合法权益。

第四，贯彻婚姻法运动月自主结婚占绝大多数，包办、买卖婚姻和其他干涉婚姻自由的现象逐渐减少。

我国1950年婚姻法的颁布及贯彻实施，标志着我国已经实施了对婚姻家庭制度的根本改革。它极大地调动了广大人民群众的积极性，有力推动了社会主义革命和建设事业的蓬勃发展。

四、我国1980年婚姻法

（一）修订婚姻法的必要性

（1）为了适应已经变化了的新情况。

我国1950年婚姻法公布执行历时30年。30年来我国政治、经济、社会生活各个方面都已发生了重大变化。为适应建设四个现代化新任务的需要，更好地促进生产力的发展，必须相应地根据客观情况的变化，对婚姻法加以补充、修订，使之更能适应实际的需要，更趋完善。

（2）有些内容，需要用更明确、具体的条文规定来加以表述。

如离婚的根据，以双方感情为衡量标准；限制结婚的近亲血缘条件不用选择性、任意性规定，而以禁止性规定。

（3）婚姻法所提出的历史任务不同了。

我国1950年婚姻法，是以改革旧的婚姻家庭制度、建立新民主主义的婚姻家庭制度为目标；而我国 1980 年婚姻法则以实现四个现代化建设，为巩固、发展社会主义婚姻家庭制度为己任。

（4）将丰富的司法实践经验及时补充反映到法律规范中，加以肯定和认可。

如离婚的原则是以夫妻感情完全破裂为根据，这是从长期司法实践中感受和总结出来的。

（5）改革婚姻家庭制度是建设社会主义精神文明的重要组成部分。

（二）我国 1980 年婚姻法的任务和作用

我国 1980 年婚姻法的颁布，是人民生活中的一件大事。它起着巩固、发展和完善社会主义家庭制度的作用；起着铲除旧的婚姻家庭恶习和歧视妇女的旧观念，清除资产阶级思想影响的作用；起着巩固和发展社会主义婚姻家庭关系，促进社会安定团结的作用。

第五届全国人民代表大会第三次会议于 1980 年 9 月 10 日讨论通过，并于 1981 年 1 月 1 日开始生效实行的《中华人民共和国婚姻法》共分五章三十七条。我国 1980 年婚姻法是在 1950 年婚姻法的基础上修改而成的，它是我国 1950 年婚姻法的继续和发展。它继承了我国婚姻法中的基本原则，保留了我国 1950 婚姻法中行之有效的部分，并在此基础之上根据新的情况，作了进一步的修改、补充和完善。概括起来，它与我国 1950 年婚姻法相比较，有以下重要的修改和补充。

1. 对基本原则的重要补充

除保留我国 1950 年婚姻法的基本原则外，我国 1980 年婚姻法还增加了保护老人的合法权益和计划生育的原则。把原有的对禁止包办、买卖婚姻和借婚姻关系索取财物等问题作了分别的规定。增加了禁止家庭成员的虐待和遗弃等规定。

2. 对法定婚龄的修改和对近亲结婚的限制

我国 1950 年婚姻法规定："男 20 岁，女 18 岁，始得结婚。"我国 1980 年婚姻法将法定婚龄改为男 22 周岁，女 20 周岁；将原婚姻法规定的五代以内旁系血亲间是否禁止结婚，从习惯改为禁止三代以内旁系血亲结婚，并增加了"晚婚、晚育应予鼓励"和"登记结婚后女方可以成为男方家庭成员，男方也可以成为女方家庭成员"的规定。

3. 扩大了对家庭关系的法律调整

除夫妻关系、父母子女关系外，将祖孙关系、兄弟姊妹关系也纳入调整范围。增加了父母对未成年子女有管教和保护的权利和义务。

在程序上作了可由有关部门进行调解或直接向人民法院提起离婚诉讼的规定，在实体上增加了有关判决离婚的法定理由的规定。

五、2001 年的婚姻法修正案

2001 年 4 月 28 日第九届全国人民代表大会常务委员会第二十一次会议通过了《关于修改〈中华人民共和国婚姻法〉的决定》，对我国 1980 年颁布的婚姻法进行了修改。2001 年的婚姻法修正案作了以下几点修改和补充。

1. 关于总则

2001 年婚姻法修正案增设了禁止有配偶者与他人同居，禁止家庭暴力，夫妻应当互相忠实，互相尊重；家庭成员间应当敬老爱幼的规定。

2. 关于结婚制度

2001 年婚姻法修正案增设了有关无效婚姻和可撤销婚姻的规定。

3. 关于家庭关系

一是改进了原有的法定夫妻财产制，二是规范了夫妻约定财产制。

4. 关于离婚制度

2001 年婚姻法修正案增设了关于夫妻感情确已破裂、调解无效应准予离婚的列举性规定。

5. 关于救助措施和法律责任

2001 年婚姻法修正案增设了救助措施和法律责任一章。

第三节　婚姻家庭法的概念和调整对象

一、婚姻家庭法的概念

婚姻家庭法简单地说，是指调整有关婚姻家庭关系的法律；具体来讲，婚姻家庭法是指规定婚姻家庭关系的发生和终止，以及由此产生的一定范围亲属间权利义务的法律规范的总和。

婚姻家庭法的概念是对婚姻法内容的高度概括，其概念和内容是一致的。一般来说，一个法的名称和它的调整对象也应该是一致的。按婚姻法名称表面理解，好像只是调整婚姻关系的法。其实，从婚姻法规定的内容看，可将婚姻法分为狭义的婚姻法和广义的婚姻法。

狭义的婚姻法以婚姻关系作为调整对象，其内容包括婚姻成立的条件和程序、婚姻解除的原则和法律后果、夫妻间的权利和义务，如《美国统一结婚离婚法》。广义的婚姻法除了狭义婚姻法所规定的内容外，还包括家庭关系的内容，如规定父母与子女之间的权利和义务，祖父母与孙子女、外祖父母与外孙子女、兄弟姐妹等家庭成员之间的权利和义务，如《中华人民共和国婚姻法》。

从编制方法上看，可将婚姻法分为形式意义上的婚姻法和实质意义上的婚姻法。形式意义上的婚姻法，仅指《中华人民共和国婚姻法》以及民法典中有关婚姻的部分。实质意义上的婚姻法，不仅包括形式意义上的婚姻法，而且还包括法律法规以及司法解释中有关婚姻家庭的规定。

二、婚姻家庭法的特点

婚姻家庭法是规定婚姻和家庭关系中权利和义务的法，这是各种类型的婚姻法的共性。但不同社会制度下的婚姻法所规定的权利和义务的内容和性质是不同的，这是由婚姻法的阶级本质决定的。

统治阶级为了维护其经济利益，利用国家机器将社会秩序控制在一定的范围内，其中包括婚姻和家庭关系的秩序。如果男女之间的结合形式可能带来婚姻秩序的紊乱，就会被列在取缔之列。为了维护统治阶级秩序的需要，发展统治阶级的利益，就把有利于统治阶级需要的婚姻家庭秩序，化为法定的权利和义务。

我国婚姻法是我国无产阶级和广大人民在婚姻家庭方面意志和要求的集中表现，是我国社会主义经济基础的上层建筑，它充分显示出社会主义婚姻家庭制度的优越性。

我国婚姻法具有我国法律的一般特征，如都是我国社会主义经济基础的上层建筑，都是工人阶级和广大人民意志的反映，都具有法的强制性等。但由于婚姻家庭关系的特殊性，使它具有不同于其他法律的特点。

（一）婚姻法的适用范围具有广泛性

婚姻法是适用于一切公民的普遍法，而不是只适用于部分公民的特别法。几乎人人都要结婚，每一个公民都生活在家庭之中，因此而形成的婚姻和家庭关系都要适用婚姻法。因此说婚姻法是有关一切男女老幼的切身利益、适用范围极为广泛的法律。

（二）婚姻法具有强烈伦理性

婚姻家庭是一个重要的伦理实体。与财产法不同，属于身份法范畴的婚姻法具有强烈的伦理性。反映我国工人阶级和广大人民意志的法律，都是和社会主义道德相一致的，而这一点在婚姻家庭问题上表现得尤为明显。婚姻法中所规定的各种权利和义务，都是社会主义道德所要求的。如父母对子女有抚养教育的义务，子女对父母有赡养扶助义务，夫妻有互相扶养的义务，滥用权利和不履行义务，既是违背社会主义道德，也是婚姻法所禁止的。

（三）婚姻法的大部分规范是强行性规范

强行性是一切法律部门的共同特点，在婚姻家庭法上表现尤为明显。为了保护公民在婚姻家庭方面的合法权益和维护社会利益，婚姻家庭法中的规定大多是强行性规范，如关于结婚、离婚内容的规定。当然，婚姻家庭法中也有一部分任意性规范，如关于夫妻财产问题的约定。

三、婚姻家庭法的调整对象

婚姻家庭法虽属于民法部门，但与其他民法规范比较又具有相对独立的性质，其独立性特点主要是由他的特定调整对象决定的，对此应从两个方面加以理解：

（1）从调整对象的范围来看，婚姻家庭法既调整婚姻关系，又调整家庭关系。婚姻关系是指夫妻之间的权利和义务关系。家庭关系是指家庭成员之间的权利和义务关系，即包括父母子女关系、兄弟姐妹关系和祖孙关系。

（2）从调整对象的性质来看，既有婚姻家庭方面的人身关系，又有因人身关系而引起的财产关系。

婚姻家庭法调整的对象主要是人身关系，同时也调整财产关系，但这种财产关系是依附于人身关系而存在的。人身关系是指存在于具有特定身份的主体之间，其本身不直接体现经济内容的关系。婚姻关系只能存在于具有合法的夫妻身份的男女双方之间，家庭关系只能存在于父母子女、兄弟姐妹和其他家庭成员之间，这些关系并不是为了经济上的目而存在的。

婚姻家庭法中的财产关系，是以人身关系为前提的，随人身关系的产生而产生，随人身关系的消灭而消灭，如亲属间的扶养、继承关系等。因此，它是一种附属于人身关系的财产关系。婚姻家庭法中的财产关系具有如下特点：①婚姻家庭法中的财产关系不具有等价、有偿的性质；②婚姻家庭法中的财产关系的主体都是具有特定身份的亲属；③婚姻家庭法中的财产关系基于结婚收养等特定法律事实的发生。

四、婚姻家庭法的渊源

婚姻家庭法的法律渊源就是婚姻家庭法借以表现和存在的形式。根据我国现行法律，婚姻家庭法的渊源如下。

（一）宪法

我国宪法是我国的根本大法，是婚姻法的立法基础和依据，一切调整婚姻家庭关系的法律均不得与宪法相抵触。

（二）法律

婚姻家庭法渊源的法律专指由全国人民代表大会及其常务委员会制定的规范性文件，具体包括《中华人民共和国婚姻法》《中华人民共和国民法总则》《中华人民共和国刑法》《中华人民共和国老年人权益保障法》《中华人民共和国妇女权益保障法》《中华人民共和国未成年人保护法》《中华人民共和国母婴保健法》《中华人民共和国收养法》《中华人民共和国人口与计划生育法》《中华人民共和国反家庭暴力法》《中华人民共和国涉外民事关系法律适用法》等。

（三）行政法规和部门规章

国务院是我国最高权力机关的执行机关，经全国人民代表大会授权可以制定与法律不相抵触的规范性文件，主要有《婚姻登记条例》等。

（四）地方性法规和地方规章

地方国家机关根据本行政区域内婚姻家庭的实际情况，以宪法、法律为依据，制定有关婚姻家庭的地方性法规和地方规章。

（五）司法解释

最高人民法院根据婚姻家庭法的基本精神，在总结审判实践经验的基础上可以作出关于适用法律的司法解释，主要有《最高人民法院关于人民法院审理未办结婚登记而以夫妻名义同居生活案件的若干意见》、《关于人民法院审理离婚案件如何认定夫妻感情确已破裂的若干具体意见》、《关于人民法院审理离婚案件处理财产分割问题的若干具体意见》、《最高人民法院关于人民法院审理离婚案件处理子女抚养问题的若干具体意见》、最高人民法院印发《关于审理离婚案件中公房使用、承租若干问题的解答》的通知、《最高人民法院关于适用〈中华人民共和国婚姻法〉若干问题的解释（一）》、《最高人民法院关于适用〈中华人民共和国婚姻法〉若干问题的解释（二）》、《最高人民法院关于适用〈中华人民共和国婚姻法〉若干问题的解释（三）》等。

（六）我国缔结和参加的国际条约

根据有关规定，处理涉外婚姻家庭关系时可适用我国缔结或者参加的国际条约，因此经我国批准生效或参加的有关婚姻家庭的国际条约也是婚姻家庭法的渊源。

五、婚姻家庭法的地位

婚姻家庭法的地位表现在两个方面：一是婚姻家庭法在法律体系中所处的地位，反映了婚姻法在立法体例上的发展和演变；二是婚姻家庭法与其他法律的联系与区别，反映了现实社会中婚姻家庭法与各部门法相互渗透、交互作用的内在关系。

（一）婚姻家庭法在立法体例上的发展

人类社会自产生法以来，就有调整婚姻家庭关系的法的规范。但这种法的规范在不同时代、不同类型的法的体系中的位置和编制方法是不同的。从婚姻法的历史沿革来看，大体经历了如下两个主要发展阶段。

1. 诸法合体时期的古代婚姻法

古代婚姻法是从汉《九章律》中的《户律》一篇开始的。北齐《十二律》有户、婚两篇，隋朝就有户婚律，至唐朝户婚律分户、婚两篇，明清有户律婚姻门。

从以上这些我们可以看出古代婚姻法有以下几个特点：

（1）没有独立的婚姻法，而是诸法合体，且不完整。

（2）礼、律同时调整，礼调整范围比较广，视（示）详于礼，而略于法。

（3）凡与刑法有关的内容，就有触犯刑律方面的规定。

2. 附属于民法的近代婚姻家庭法

到了资本主义时代，婚姻法作为亲属法的一部分仍然附属于民法。亲属法是调整婚姻家庭关系、亲属关系、家长和家属关系的法律规范。它在不同法系中有不同的表现形式。例如：法国属于大陆法系国家，在法国，婚姻家庭关系受民法调整，婚姻家庭法成为 1804 年民法典的重要组成部分。婚姻家庭关系按身份和财产分属于民法典第一编人法和第三编财产取得法。在人法中规定了结婚、离婚、家庭关系、收养、监护等内容。在财产取得法中，规定了夫妻财产关系。

1896 年《德国民法典》公布，德国式民法典把有关婚姻家庭关系汇集在一起，单独作为一章。

英、美法系理论上承认婚姻家庭关系，但是没有成文的民法典，也没有独立的婚姻法典，而是在各种有关的单行法规中有所规定。

3. 作为独立法律部门的社会主义婚姻法

中华人民共和国成立后于 1950 年颁布了第一部《中华人民共和国婚姻法》。1980年婚姻法是在总结以前的婚姻法基础上产生的。

（二）婚姻家庭法与其他法律的关系

作为我国社会主义法律体系的组成部分，婚姻法同其他法律一样具有共同的经济基础、阶级基础和指导思想。它们都是社会主义经济基础的上层建筑，都是工人阶级和广大人民的意志在法律上的表现，都是以马克思列宁主义、毛泽东思想为指导的。一方面，婚姻法与其他法律具有多方面的内在联系，维护社会主义婚姻家庭制度是有关法律的共同任务；另一方面，婚姻法的特定调整对象又使婚姻法与其他法律有着明显的区别。了解婚姻法与其他法律的联系和区别，对了解婚姻法在我国法律体系中所处的地位，对运用多种法律手段保护公民在婚姻家庭方面的合法权益，都是很有帮助的。

1. 婚姻法与宪法

宪法是国家的根本大法，是包括婚姻法在内的全部法律的立法基础，具有最高的法律效力。《中华人民共和国宪法》中有关婚姻家庭的条款，如男女平等、保护婚姻、家庭、母亲和儿童、实行计划生育、禁止破坏婚姻自由、禁止虐待老人、妇女和儿童等，都是婚姻法应遵循的原则。另外，宪法中有关婚姻家庭的原则规定，又是通过婚姻法中的具体规定加以贯彻的。

2. 婚姻法与其他民事法律

在部门法中，婚姻法和其他民事法律的关系特别密切。《中华人民共和国民法总则》第一百零九条规定：自然人享有生命权、健康权、身体权、姓名权、肖像权、名誉权、荣誉权、隐私权、婚姻自主权等权利。第一百一十二条规定："自然人因婚姻、家庭关系等产生的人身权利受法律保护。"《中华人民共和国民法总则》中的有关规定同样适用于婚姻家庭关系。例如婚姻家庭主体的民事权利能力和行为能力，监护、宣告死亡、法定代理、财产的所有权关系等，均按照《中华人民共和国民法总则》的规定办理。婚姻法同一些民事单行法在内容上也有紧密的联系。例如婚姻法中规定了特定亲属之间有相互继承遗产的权利，这些方面的一些具体问题，均按照继承法的规定办理。同时我们要注意婚姻法和其他民事法律的不同之处。例如婚姻法领域中基于亲属身份而发生的抚养、赡养和扶养关系，在性质上不同于一般的债权债务关系。婚姻家庭领域里的人身关系和财产关系，同样是发生在平等主体之间的，所以婚姻法和民法的关系是部分和整体的关系。但我们也要看到，婚姻家庭领域中的平等主体，是基于亲属身份而发生人身关系和财产关系的，所以婚姻法在全部民法中具有独立的地位。

3. 婚姻法与民事诉讼法

民事诉讼法是关于处理民事案件的程序性法律，它从司法程序方面保证民事法律、法规的正确执行。婚姻家庭法与民事诉讼法的关系是实体法与程序法的关系。

4. 婚姻法与行政法

行政法是调整国家行政机关的组织和管理以及行政机关与公民之间的行政法律关系。其中有些关系是国家管理机关和公民之间发生的。行政法以国家行政机关在实现管理职能的过程中发生的社会关系为其调整对象。婚姻家庭方面也有不少涉及行政法领域的问题，例如：结婚、双方自愿离婚和复婚，均应依行政程序办理婚姻登记；家庭成员因出生、死亡、离婚、收养成立或解除，均经行政程序办理户籍登记；推行计划生育应当采取必要的行政措施；对违反婚姻法规定的行为，可视其情节给予行政处分、行政处罚。通过行政程序对有关婚姻家庭的某些事项实行必要的管理和监督，是国家保护婚姻家庭的重要手段。

5. 婚姻法与刑法

刑法是规定犯罪和刑罚的法律。对妨害婚姻家庭构成犯罪的，要使用刑法条款进行处罚。刑法是适用刑罚制裁犯罪行为的法律，维护我国的婚姻家庭制度，保护公民在婚姻家庭方面的人身权利和其他的合法权益，同样也是我国刑法的重要任务。各种妨害婚姻家庭的犯罪行为，如暴力干涉婚姻自由罪、重婚罪、破坏军婚罪、虐待罪、遗弃罪和拐骗儿童罪等，均按照《中华人民共和国刑法》追究犯罪者的刑事责任。

婚姻法除了与以上列举法律有关系外，与劳动法、国际私法等在某些方面也有一定的联系。

复习思考题：

1. 我国 2001 年婚姻法修正案增设了哪些重要规定？
2. 如何理解婚姻家庭法的调整对象？
3. 我国婚姻法有什么特点？

第三章　婚姻家庭法的基本原则

我国婚姻法第二条规定："实行婚姻自由、一夫一妻、男女平等的婚姻制度。保护妇女、儿童和老人的合法权益。实行计划生育。"第三条规定："禁止包办、买卖婚姻和其他干涉婚姻自由的行为。禁止借婚姻索取财物。禁止重婚。禁止有配偶者与他人同居。禁止家庭暴力。禁止家庭成员间的虐待和遗弃。"第四条规定："夫妻应当互相忠实，互相尊重；家庭成员间应当敬老爱幼，互相帮助，维护平等、和睦、文明的婚姻家庭关系。"这三条规定，从正、反两个方面，概括了我国婚姻法的六项基本原则，即实行婚姻自由，禁止包办、买卖婚姻和其他干涉婚姻自由的行为；禁止借婚姻索取财物；实行一夫一妻制，禁止重婚和禁止有配偶者与他人同居；实行男女平等，保护妇女、儿童和老人的合法权益，禁止家庭暴力，禁止家庭成员间的虐待和遗弃；实行计划生育；夫妻应当互相忠实，家庭成员应当互相尊重。这六项基本原则是我国人民在长期反对封建主义婚姻家庭制度的斗争中所取得的胜利成果，是调整我国婚姻家庭关系的指导思想。它们充分体现了我国婚姻家庭制度的社会主义本质，是我国社会主义婚姻家庭制度的基本内容和主要特征。它们是在我国革命进程中逐步确立、发展和完善的，反映了我国工人阶级和广大人民群众对婚姻家庭问题的基本要求，是处理婚姻家庭问题的行动准则，是我国工人阶级婚姻家庭观的体现。

第一节　婚姻自由

一、婚姻自由的由来

婚姻自由是一个历史范畴，是社会发展到一定阶段的产物。在原始社会实行的是群婚，无婚姻自由可言；在奴隶社会、封建社会，实行的都是包办、买卖婚姻，当事人没有婚姻自由的权利。婚姻自由是新兴的资产阶级在反封建斗争的过程中提出来的。资产阶级在提出民主、自由、平等的同时，也把婚姻自由宣布为"天赋人权"，并且在资产阶级的立法中，把婚姻视为一种可以"自由"签订的民事契约。如1804年《法国民法典》第146条规定："未经合意不得成立婚姻。"新的日本国宪法第24条规定："婚姻关系，由于男女双方的同意即可成立。"这些规定都体现了资产阶级婚姻自由的思想。但是，资产阶级的婚姻自由是有其阶级局限性的，并不是真正的婚姻自由。只有在社会主义条件下，婚姻自由才具有其真实性。

（一）资产阶级婚姻自由的局限性

1. 资产阶级的婚姻自由是形式上的自由，实际上往往是不能实现的

（1）资产阶级的婚姻自由是以契约自由为其理论基础的。

恩格斯指出：按照资产阶级的理解，婚姻是一种契约，是一种法律行为，而且是一种最重要的法律行为，因为它决定了两个人终身的肉体的精神的命运。不错，这种契约那时在形式上确是自愿缔结的；没有当事人双方的同意就不能解决问题。不过人人都非常明白，这一同意是如何取得的，实际上是谁在订立婚约。人所共知，人们只有在彼此地位平等的情况下，才能缔结真正出于自愿的契约。在资本主义社会，不同阶级处于不同的经济地位，男女两性的经济地位远不是平等的，这就不能不影响到婚姻的自由取缔。实际上资本主义国家法律规定的婚姻自由，只对有产者才有意义，而无产者的婚姻自由是没有物质保障的。

（2）资本主义的生产关系把一切都变成了商品，把一切关系都变成了商品关系，爱情、婚姻也不例外。对于婚姻问题，当事人可以"自由"地讨价还价，进行金钱和美色、财产和权势的交易。正如恩格斯所揭露的，表面上，"买卖婚姻的形式正在消失，但它的实质却在愈来愈大的范围内实现，以致不仅对妇女，而且对男子都规定了价格，而且不是根据他们的个人品质，而是根据他们的财产来规定价格的"。这就是资产阶级婚姻自由的实质。

（3）资产阶级的婚姻自由只要求形式上的自由，不要求实质上的自由。

正如恩格斯所指出的：在婚姻关系上，即使是最进步的法律，只要当事人在形式上证明是自愿，也就十分满足了。至于法律幕后的现实生活是怎样的，这种自愿是怎样造成的，关于这些法律和法学家都可以置之不问。

2. 资产阶级的婚姻自由连形式上的自由也是不彻底的

资本主义国家的婚姻立法，往往保存着一定的封建残余，在早期的立法中尤为明显，如父母对子女婚姻的同意权就是一例。1804 年《法国民法典》规定，男未满 25 周岁，女未满 21 周岁，非经父母的同意不得结婚。

（二）社会主义婚姻自由的真实性

与资产阶级婚姻自由不同，社会主义的婚姻自由是能够实现的，是真正的婚姻自由。

1. 社会主义制度是实现婚姻自由的政治基础

摧毁剥削阶级的政权，建立无产阶级专政，是建立社会主义婚姻家庭制度、实现婚姻自由原则的前提。

2. 社会主义经济制度为婚姻自由提供了物质条件

正如恩格斯对未来的婚姻所预见的那样：男子一生中将永远不会用金钱或其他社会权利手段去买得妇女的献身，而妇女除了真正的爱情以外，也永远不会再出于其他条件考虑而委身男子，或者由于担心经济后果而拒绝委身于她所爱的男子。

3. 社会主义法制为婚姻自由提供了法律保障

婚姻自由是社会主义制度下公民享有的一项民主权利，这项权利是法律明确规定的。我国宪法第四十九条规定，婚姻受国家的保护，禁止破坏婚姻自由。我国婚姻法在

总则中明确规定了婚姻自由原则。我国刑法第二百五十七条第一款规定，以暴力干涉他人婚姻自由的，处二年以下有期徒刑或者拘役。第二款规定，犯前款罪致使被害人死亡的，处二年以上七年以下有期徒刑。此外，我国法律还规定了婚姻登记办法，通过登记手续，保证婚姻自由的实现，防止破坏婚姻自由行为的发生。

4. 社会主义制度下的婚姻自由是真正的婚姻自由

我们说社会主义制度下的婚姻自由是真正的婚姻自由，并不是说婚姻自由原则在我国已经充分实现了。恩格斯说，结婚的充分自由，只有在消灭了资本主义生产和它所造成的财产关系，从而把今日对选择配偶还有巨大影响的一切派生的经济考虑消除以后，才能普遍实现。到那时候，除了相互的爱慕以外，就再也不会有别的动机了。

我国现在还处于社会主义初级阶段，我们的生产力发展水平还不高，还存在着"三大"差别，旧的婚姻思想的影响还存在，这些都影响着婚姻自由实现的程度。我们的婚姻自由实现的程度还不平衡，为了进一步实现婚姻自由，我们不仅要依靠法律的力量保障公民婚姻自由的权利，更重要的是加速社会主义现代化建设，为婚姻自由的充分实现创造更有利的物质条件。

二、婚姻自由的概念和内容

（一）婚姻自由的概念

婚姻自由是指婚姻当事人有权按照法律的规定决定自己的婚姻问题，不受任何人的强制和非法干涉。婚姻自由是婚姻当事人的一种权利，这种权利是由法律所规定并受法律保护的，任何人不得侵犯，婚姻当事人行使这种权利必须依法，不得超越法律规定的限度。

（二）婚姻自由的特征

（1）婚姻自由是一项人身权利，包含：①专属权；②支配权；③对世权（绝对权）。

（2）婚姻自由表现为当事人的自主权，但并不排除父母、亲朋好友的帮助和指导。

（3）婚姻自由是法律规定范围内的自由，行使婚姻自由权必须符合法律规定，是相对自由权而不是绝对自由权。

（三）婚姻自由的内容

婚姻自由包括结婚自由和离婚自由两个方面。

1. 结婚自由

结婚自由是指婚姻当事人在结婚问题上有自主的权利，即结婚经男女双方完全自愿，不许任何一方强迫他方或任何第三者加以干涉。

婚姻按基本性质来说，应该是男女两性基于爱情的结合。而要使婚姻关系建立在爱情的基础上，就必须赋予婚姻当事人自由选择配偶的权利。所以结婚自由是建立爱情婚姻的前提。

2. 离婚自由

离婚自由是指夫妻感情确已破裂，婚姻关系无法维持时，婚姻当事人有提出离婚请求的权利。

既然结婚要以爱情为基础，那么婚姻关系的存续也必须以爱情的巩固和发展为前提。

当然，我国实行离婚自由，并不是号召大家都来闹离婚，有感情的夫妻离婚也是违背婚姻自由原则的。感情确已破裂要求离婚或感情尚未破裂坚持不离婚，都是婚姻当事人的权利，都是符合婚姻自由原则的。

在结婚自由和离婚自由这两个方面中，结婚自由是婚姻自由的主要方面，因为结婚是普遍的法律行为，而离婚是少数人的行为，是解决夫妻矛盾的特殊手段。但离婚自由也是不可缺少的，是对结婚自由的必要补充。没有结婚自由或没有离婚自由，爱情婚姻的建立都会失去保障或受到限制。结婚自由和离婚自由从不同的前提出发，保障婚姻当事人行使婚姻自由的权利，两者互相结合构成了婚姻自由的完整内容。

三、保障婚姻自由实现的措施

为了保障婚姻自由的实施，我国婚姻法第三条规定，禁止包办、买卖婚姻和其他干涉婚姻自由的行为。禁止借婚姻索取财物。

封建主义的婚姻家庭制度在中国实行了2 000多年，封建的婚姻思想和习俗对现在的中国还有一定的影响，资产阶级的生活方式和婚姻思想的影响也还存在。这些旧的思想意识必然会妨碍和干扰婚姻自由原则的贯彻实施。因此，我国婚姻法的上述规定是保障婚姻自由的必要法律措施，是同婚姻问题中的旧思想、旧恶习、旧传统做斗争的法律武器。

（一）禁止包办、买卖婚姻

1. 包办婚姻

包办婚姻是指第三者（包括父母）违反婚姻自由的原则，包办、强迫他人婚姻的行为。如父母给幼小的子女订"娃娃亲"，让未成年的女孩子作"童养媳""换亲""转亲"等。所谓"换亲"就是在两家之间结成两对婚姻，如用女儿换媳妇。所谓"转亲"是指在父母和媒人的包办下，在三家或三家以上的儿女之间形成一种连环式的结亲方式。

父母关心子女婚事是应当的，也是正常的，在实际工作中要注意划清父母对儿女婚事的关心和"干涉"的界限。

2. 买卖婚姻

买卖婚姻是指第三者（包括父母）以索取大量财物为目的，包办、强迫他人婚姻的行为。买卖婚姻的形式有两种，即公开买卖婚姻和变相买卖婚姻。

（1）公开买卖婚姻是女方家或出卖妇女的人公开要一定的身价，男家付给身价钱或其他等价物，比如贩卖妇女给别人作妻子。

（2）变相买卖婚姻是指以索取财物为结婚条件的婚姻。比如中国封建社会的聘娶婚，是以交付一定数量的聘金、聘礼为成婚的必要条件，属于变相买卖婚姻。现实生活中的高价婚姻亦称金钱婚姻，属于变相买卖婚姻的一种。女方或女方父母借结婚之机讲排场、摆阔气，向男方大量索取财礼或要求男方以实物折合金钱交付等。

包办婚姻和买卖婚姻既有联系又有区别。两者的共同点在于它们都是包办、强迫、违反婚姻自由原则的违法行为。其不同点是包办婚姻不一定索取大量财物，而买卖婚姻一定是索取大量财物；包办婚姻不一定都是买卖婚姻，而买卖婚姻一定是包办婚姻。

（二）禁止借婚姻索取财物

借婚姻索取财物是指买卖婚姻以外的其他借婚姻索取财物的行为。这种婚姻的当事人基本上是自主自愿的。但是女方或其父母以向男方索取财物作为结婚的条件。

借婚姻索取财物与买卖婚姻既有共同点又有区别。两者的共同点是均以索取财物作为结婚的条件。不同点是买卖婚姻是包办强迫的婚姻，是封建人身依附关系的一种表现，而借婚姻索取财物基本上是自主婚，是受资本主义生活方式和旧婚姻习俗的影响的一种反映；买卖婚姻索取的财物主要由包括父母在内的包办婚姻的第三者所获得，而借婚姻索取财物主要由结婚女当事人所获得。

在司法实践中应注意借婚姻索取财物与买卖婚姻的区别以及与男女双方自愿馈赠的区别。

（三）禁止其他干涉婚姻自由的行为

其他干涉婚姻自由的行为是指包办、买卖婚姻以外的违反婚姻自由原则的行为，如干涉女性再婚、干涉非近亲的同姓男女结婚、儿女干涉父母再婚、父母对儿女或儿女对父母离婚或复婚加以干涉等。以上这些，都属于干涉婚姻自由的违法行为。轻者应给予批评教育，如情节恶劣，后果严重已构成犯罪的，应依法予以惩罚。

第二节　一夫一妻制

一、一夫一妻制概念

一夫一妻制是一男一女结为夫妻的婚姻制度。从私有制社会中片面的一夫一妻制到社会主义社会中真正的一夫一妻制，是人类两性关系的巨大变革。

私有制社会中的一夫一妻制有其特定的社会内容。恩格斯深刻地指出："一夫一妻制的产生是由于大量财富集中于一人之手，并且是男子之手，而不是传给其他任何人的子女。为此，就需要妻子方面的一夫一妻制，而不是丈夫方面的一夫一妻制。所以，这种妻子方面的一夫一妻根本没有妨碍丈夫公开的或秘密的多偶制。"中国古代的多妻制以纳妾为其主要形式。到了资本主义时代，公开的多妻制被秘密的多妻制代替。马克思和恩格斯指出，"资产阶级的婚姻实际上是公妻制"，是"伪善地掩藏着的公妻制"。在私有制社会中，卖淫、通奸始终是与一夫一妻制同时并存的。社会主义制度下的婚姻关系是男女两性基于爱情的结合。爱情的专一性和排他性，必然要求一夫一妻的结合。恩格斯说："既然性爱按基本性来说就是排他的，……那么，以性爱为基础的婚姻，按基本性来说就是个体婚姻。"中华人民共和国成立之后颁布的两部婚姻法，都把一夫一妻作为婚姻家庭制度的一项基本原则，一夫一妻制的贯彻得到了切实的法律保障。社会主义公有制经济的建立和发展，妇女的解放和社会地位的提高，更是为一夫一妻制的真正实现提供了前所未有的社会条件。

按照我国婚姻法确立的一夫一妻原则，任何人都不得同时有两个或两个以上的配偶；有配偶者在婚姻终止之前不得再行结婚；不符合一夫一妻原则的不予办理结婚登记；重婚不具有婚姻的效力；一切公开的或者隐蔽的一夫多妻和一妻多夫的两性关系都是非法的。一夫一妻原则在我国人民的婚姻关系和社会生活中得到了全面的贯彻，这是社会主义婚姻家庭制度优越性的具体体现。但是我们也要看到这方面的一些违法行为在现实生活中仍然存在，比如重婚等。

二、保障一夫一妻制实现的措施

为了保障一夫一妻制的实现，我国婚姻法在第三条规定：禁止重婚，禁止有配偶者与他人同居。

（一）禁止重婚

1. 重婚的概念

重婚是指有配偶者又与他人结婚的违法行为，这是对一夫一妻原则的严重破坏。

在不同的社会制度下，法律对重婚的认定与处理是大有区别的。我国封建时代的法律显然禁止多妻，但并不禁止纳妾。有妻再娶妻者视为重婚，有妻而纳妾者不视为重婚。世界各国在立法上多有禁止重婚的规定。我国 1950 年婚姻法就明令禁止重婚和纳妾。由于纳妾制度早已被废除，现行婚姻法只重申了禁止重婚的规定，纳妾者应按重婚论处。

2. 对重婚问题的认定和处理

根据我国的法律、政策和审判实践对重婚的认定和处理应注意以下几个问题。

（1）对重婚应做实质意义上理解。重婚行为有两种形式：一是法律上的重婚，即有配偶者又与他人登记结婚；二是事实上的重婚，即有配偶者虽然未与他人登记结婚，但确与他人以夫妻关系同居生活。

（2）应将重婚和有配偶者与他人同居（姘居）加以区别。姘居双方并没结为夫妻，永久共同生活的意思。在认定和处理此类问题时，既不要把事实重婚视为姘居，也不要把姘居视为事实重婚，更不要把无配偶者婚前与他人姘居当作婚姻关系，而把后来的合法婚姻当作重婚。

（3）我国 1950 年婚姻法颁布前后的重婚应分别对待。1950 年婚姻法颁布前的重婚——纳妾，基本上属于旧社会遗留下来的问题，如果当事人相安无事，人民政府不主动追究。如果一方提出离婚，人民政府应依法处理，并应注意保护妇女和子女的利益。

1950 年婚姻法颁布后的重婚是违法的，人民政府不应承认其具有婚姻的效力。按照我国现行婚姻法的规定，重婚行为发生下列民事法律后果和刑事法律后果。

首先，重婚是结婚的禁止条件。

其次，经查明为重婚的，其婚姻无效。

再次，构成重婚罪的依我国刑法第二百五十八条处罚。有配偶而重婚的，或者明知他人有配偶而与之结婚的，处二年以下有期徒刑或者拘役。

鉴于重婚的情况比较复杂，在认定和处理时，可适当考虑重婚的原因，分情况区别对待。

（1）基于喜新厌旧、好逸恶劳或"传宗接代"等思想而重婚的，应进行严厉的批评教育，解除其非法的重婚关系，情节严重的应依法处理。

（2）由于反抗包办强迫婚姻，或者一贯受虐待，夫妻未建立感情，坚决要求离婚，得不到有关方面的支持，反遭到迫害，而外出与人重婚的，可不按重婚对待。坚决要求与原夫离婚的，应做好工作，调解或者判决准予离婚。

（3）因严重自然灾害等原因，外出与人重婚的，人民法院应严肃指出重婚是违法的，但一般可不按重婚论处。处理这类案件，原则上应维持原来的婚姻关系，尽量调解，促使女方与原夫和好。如原来夫妻感情不好，女方坚决不愿回去，或者外出重婚时间长，与后夫感情很好，已生育子女的，经动员教育无效，可说服原夫，调解或者判决离婚。但无论准离与不准离，人民法院都应做好工作，不能采取简单强制的办法让女方回原夫家。女方同意回去的，人民法院也应做好家庭和群众的工作，消除舆论障碍和女方的思想顾虑，要防止侵犯人身权利和抢婚、械斗事件的发生。

（4）在上诉期间，针对一方与第三者结婚的纠纷，人民法院应查明原因，分清责任，根据具体情况处理，不要一律按重婚对待。

（二）禁止有配偶者与他人同居

有配偶者与他人同居是指有配偶者与婚外异性不以夫妻名义，持续、稳定地共同居住。我国修正后的婚姻法在禁止重婚后继之以禁止有配偶者与他人同居的规定，这就从立法上加强了维护一夫一妻制婚姻制度的力度，同时也为通过多种法律手段防止有配偶者与他人同居的违法行为提供了法律上的依据。

第三节　男女平等

一、男女平等的概念和内容

男女平等是指男女两性在婚姻家庭关系中享有平等的权利和履行平等的义务。它是对男尊女卑、夫权统治的否定。禁止对女性的任何形式的歧视、虐待和压迫。

男女两性在婚姻家庭的地位，首先取决于他们在社会经济、政治等方面的地位。

历史充分证明，生产资料私有制阶级剥削制度是男女不平等的社会根源。从奴隶社会、封建社会到资本主义社会，妇女一直处于同男子不平等的地位。奴隶时代和封建时代的法律公开规定男尊女卑，夫权统治，妇女被视为家庭的奴隶和生儿育女的工具，那时的妇女受着政权、族权、神权和夫权"四大绳索"的严重束缚。欧洲中世纪的一次宗教会议上甚至讨论过妇女是否为人的问题。资本主义社会中，妇女的社会地位和家庭地位有了显著的改善，资产阶级也把男女平等标榜为法律原则。但是资产阶级的男女平等具有一定的欺骗性和局限性。

社会主义制度的建立为妇女解放开辟了广阔的道路。广大的妇女同男子一样，平等地成为国家、社会和家庭的主人。我国宪法第四十八条明确规定："中华人民共和国妇女在政治的、经济的、文化的、社会的和家庭的生活等各方面享有同男子平等的权利。""国家保护妇女的权利和利益，实行男女同工同酬，培养和选拔妇女干部。"这一规定将男女平等作为一项宪法原则，它具有广泛的社会内容，男女在婚姻家庭生活方面的平等是其中的重要组成部分。

仅就婚姻法而言，男女平等是指男女在婚姻家庭关系中的权利和义务平等。这一原则在各种制度和有关规定中都有明确、具体的表现。

首先，在结婚和离婚方面，男女双方的权利和义务是平等的。例如结婚必须男女双方完全自愿，不许任何一方对他方加以强迫或任何第三者加以干涉。双方都有提出离婚的权利。

其次，在家庭关系中，不同性别的家庭成员的权利和义务是平等的。比如在夫妻关系方面；在夫妻人身权利和财产权利方面；在父母子女关系方面；在祖孙、兄弟姊妹关系方面。

男女平等的真正实现并不是一蹴而就的。在我国社会主义初级阶段，经济和文化还不够发达，男尊女卑的旧制度、旧思想在历史上长期存在，重男轻女、歧视妇女的传统习惯势力还有一定的影响，男女两性在"法律上的平等还不是实际生活中的平等"（比如女同志就业难就是一例）。从男女法律上的平等到实际生活中的完全平等的过程就是妇女从解放走向彻底解放的过程。

二、当前存在的问题

（1）夫权思想严重，丈夫不能平等地对待妻子，限制妻子参加社会活动。

（2）重男轻女，家长剥夺女儿的合法权利。实行计划生育后，出现残害女婴的现象。

（3）有的妇女不能正确对待男女平等这一原则，在处理家庭关系时，只享有权利，不尽义务。

（4）目前，妻权思想有所抬头，妻子对财权管理过死，不能体现夫妻对共同财产有平等的处理权。

第四节　保护妇女、儿童和老人的合法权益

一、保护妇女的合法权益

（一）保护妇女的合法权益是对男女平等原则的必要补充

保护妇女、儿童和老人的合法权益，是我国婚姻法的第四项基本原则。其中保护妇女的合法权益是对男女平等原则的必要补充。我国妇女虽然在法律地位上已经获得了与男子平等的权利，但是，实际生活中还存在着某些妨碍妇女行使平等权利的消极因素。因此，我们必须在强调男女平等的同时，对妇女的合法权益加以特殊的保护。妇女的法律地位如何，妇女的合法权益能否得到切实的保护，是衡量一个国家文明程度的重要标准之一。

（二）妇女的法律地位体现了一个国家的文明与进步

提高我国妇女的法律地位，不仅受到党和国家的一贯重视，也受到广大妇女和人民

群众的深切关注。自 1987 年以来，全国人大代表多次提出议案，要求制定一部有中国特色的社会主义的妇女法。这些议案得到全国人大常委会的重视和采纳。自 1989 年内务司法委员会拟定妇女法之后，先后进行深入的讨论，反复的修改。最终于 1992 年 4 月 3 日第七届全国人民代表大会第五次会议通过，同日公布了《中华人民共和国妇女权益保障法》，本法自 1992 年 10 月 1 日起施行。根据 2005 年 8 月 28 日第十届全国人民代表大会常务委员会第十七次会议《关于修改〈中华人民共和国妇女权益保障法〉的决定》修正，该法共分九章六十一条。我国制定妇女权益保障法，是为了保障妇女的合法权益，促进男女平等，充分发挥妇女在社会主义现代化建设中的作用，是完善社会主义民主和法制建设的需要，同时也是我国作为社会主义国家应该履行的国际条约义务。我国现行婚姻法有关保护妇女合法权益的条款都具有很强的针对性。例如，女方在怀孕期间和分娩后一年内男方不得提出离婚。离婚时分割共同财产，我国婚姻法明确规定"照顾女方"的原则。离婚时如一方经济困难，另一方应给予适当的经济帮助。

二、保护儿童的合法权益

保护儿童的合法权益，是振兴国家和民族的需要，是培养和造就社会主义革命和建设事业接班人的需要，也是巩固和发展社会主义婚姻家庭关系的需要。我国宪法明确规定："国家培养青年、少年、儿童在品德、智力、体质等方面全面发展。""婚姻、家庭、母亲和儿童受国家的保护。"从婚姻家庭方面保护儿童的合法权益，是贯彻执行上述规定的必要措施。

我国婚姻法明确规定：父母对子女有抚养教育的义务，对未成年子女有保护和教育的权利和义务；父母对子女的义务不因父母离婚而消除；子女有继承父母遗产的权利；有负担能力的祖父母、外祖父母对父母已经死亡或父母无力抚养的未成年孙子女和外孙子女有抚养的义务；有负担能力的兄妹对父母已经死亡或父母无力抚养的未成年的弟、妹有抚养的义务；非婚生子女、养子女和继子女的合法权益，也得到了妥善的保护。

为了保护未成年人的身心健康，保障未成年人的合法权益，促进未成年人在品德、智力、体质等方面全面发展，把他们培养成为有理想、有道德、有文化、有纪律的社会主义事业接班人，为此，我国制定了《中华人民共和国未成年人保护法》，该法于 1991 年 9 月 4 日第七届全国人民代表大会常务委员会第二十一次会议通过，同日公布，自 1992 年 1 月 1 日起施行。该法于 2006 年 12 月 29 日第十届全国人民代表大会常务委员会第二十五次会议通过第 1 次修订，并于 2012 年 10 月 26 日第十一届全国人民代表大会常务委员会第二十九次会议通过第 2 次修正。

全国人民代表大会常务委员会关于批准《儿童权利公约》的决定于 1991 年 12 月 29 日公布。第七届全国人民代表大会常务委员会第二十三次会议决定，批准 1989 年 11 月 20 日由联合国大会通过的《儿童权利公约》，同时声明：中华人民共和国将在符合其宪法第二十五条关于计划生育的规定的前提下，并根据《中华人民共和国未成年人保护法》第二条的规定，履行《儿童权利公约》第三条所规定的义务。

《儿童权利公约》是在联合国主持下，历时十年所制定的一项具有较大影响的保护儿童权益的国际文书。《儿童权利公约》于 1989 年 11 月 20 日在第四十四届联合国全国大会上获得协商一致通过，并于 1990 年 9 月 2 日生效。我国于 1990 年 8 月 29 日签署了《儿童权利公约》。

三、保护老人的合法权益

尊敬、赡养和爱护老人是中国人民的传统美德，老人为国家、民族、社会和家庭贡献了毕生的精力，创造出巨大的物质和精神财富，当他们年老体衰、丧失劳动能力的时候，他们有权获得国家和社会的物质帮助以及来自国家的赡养扶助。保护老人的合法权益，不仅是我国法律的一项基本原则，而且也是社会主义道德的必然要求。

我国宪法规定："中华人民共和国公民在年老、疾病，或者丧失劳动能力的情况下，有从国家和社会获得物质帮助的权利。国家发展为公民享受这些权利所需要的社会保险、社会救济和医疗卫生事业。"

按照我国婚姻法的规定，子女有赡养扶助父母的义务；父母有继承子女遗产的权利；养父母、有抚养关系的继父母的权利和生父母相同；有负担能力的孙子女、外孙子女，对于子女已经死亡的祖父母、外祖父母有赡养的义务。为了更好地保护老年人的合法权益，使老年人老有所养，老有所依，为此，1996 年 8 月 29 日第八届全国人民代表大会常务委员会第二十一次会议通过《中华人民共和国老年人权益保障法》。根据 2009 年 8 月 27 日第十一届全国人民代表大会常务委员会第十次会议《关于修改部分法律的决定》第一次修正，2012 年 12 月 28 日第十一届全国人民代表大会常务委员会第三十次会议修订通过，同日公布，该法自 2013 年 7 月 1 日起施行，根据 2015 年 4 月 24 日第十二届全国人民代表大会常务委员会第十四次会议《全国人民代表大会常务委员会关于修改〈中华人民共和国电力法〉等六部法律的决定》第二次修正，该法共分九章八十五条。

四、保障这些原则实现的措施

（一）禁止家庭暴力

2015 年 12 月 27 日第十二届全国人民代表大会常务委员会第十八次会议通过了《中华人民共和国反家庭暴力法》，该法自 2016 年 3 月 1 日起施行，该法共分六章三十八条。本法所称家庭暴力，是指家庭成员之间以殴打、残害、限制人身自由以及经常性谩骂、恐吓等方式实施的身体、精神等方面的侵害行为。家庭成员之间的暴力行为，包括夫妻之间、父母子女之间的暴力行为，主要是指殴打家庭成员对其身体造成伤害的行为。狭义的家庭暴力是指丈夫对妻子所实施的暴力，也是最常见、最普通、最难以治理的暴力行为。丈夫对妻子的暴力行为表现为两个方面：一是殴打妻子，对其身体造成伤害；二是性的暴力，即违反妻子的意愿，强迫妻子发生性行为。性暴力有以下几方面特征：第一，丈夫的性要求过多过频；第二，丈夫在殴打完妻子之后，强制与之过性生活；第三，丈夫强迫妻子接受不愿接受的性虐待；第四，患有性功能障碍不孕的丈夫对性功能正常的妻子进行性暴力；第五，因不堪忍受丈夫暴力已经离异的女性，仍然遭受前夫性暴力的侵害，被迫与之过性生活。

《中华人民共和国反家庭暴力法》规定反家庭暴力工作遵循预防为主，教育、矫治与惩处相结合原则；反家庭暴力工作应当尊重受害人真实意愿，保护当事人隐私；未成年人、老年人、残疾人、孕期和哺乳期的妇女、重病患者遭受家庭暴力的，应当给予特殊保护。

《中华人民共和国反家庭暴力法》主要规定了如下内容。

（1）精神侵害构成家庭暴力，同居关系也适用。反家庭暴力法在附则中特别指出：家庭成员以外共同生活的人之间实施的暴力行为，参照本法规定执行。

（2）监护人失职，撤销其监护资格。反家庭暴力法明确规定，监护人实施家庭暴力严重侵害被监护人合法权益的，人民法院可根据被监护人的近亲属、居民委员会、村民委员会、县级人民政府民政部门等有关人员或单位的申请，依法撤销其监护人资格，另行指定监护人。

（3）发现家庭暴力不报告，学校、医院等要担责。"官不究，民不举"，这是我国当前反家庭暴力工作的一大障碍。对此，反家庭暴力法明确规定，学校、幼儿园、医疗机构、居民委员会、村民委员会、社会工作服务机构、救助管理机构、福利机构及其工作人员，若在工作中发现无民事行为能力人、限制民事行为能力人遭受家庭暴力或疑似遭受家庭暴力，须及时向公安机关报告，公安机关要对报案人的信息保密。家庭暴力不是家务事，反家庭暴力是国家、社会和每个家庭的共同责任。

（4）人身安全保护令，有效隔离现实危险。反家庭暴力法的一大利器，是设立了人身安全保护令制度。人身安全保护令将反家庭暴力工作从事后惩治变为事前预防。根据我国反家庭暴力法，当事人若遭受家庭暴力或者面临家庭暴力的现实危险，即可向法院申请人身安全保护令。人身安全保护令包括禁止被申请人实施家庭暴力，禁止被申请人骚扰、跟踪、接触，责令被申请人迁出申请人住所等措施。我国反家庭暴力法特别提出，申请人的相关近亲属，也被纳入人身安全保护令的保护范围。此外，法律规定，紧急情况下人身安全保护令应在24小时内作出；人身安全保护令失效前，法院可根据受害人的申请撤销、变更或延长。

我国反家庭暴力法强调，如果当事人是无民事行为能力人、限制民事行为能力人，或因为受到强制、威吓等原因无法亲自申请人身安全保护令，其近亲属、公安机关、妇女联合会、居民委员会等机构可以代为申请。被申请人若违反人身安全保护令，可能会被处以一千元以下罚款、十五日以下拘留，若构成犯罪还将依法追究刑事责任。

（二）禁止家庭成员间的虐待和遗弃

为了保障男女平等，保护妇女、儿童和老年人的合法权益等原则贯彻执行，巩固和发展团结和睦、尊老爱幼的婚姻家庭关系，我国婚姻法明确规定，禁止家庭成员间的虐待和遗弃。

1. 虐待

持续性、经常性的家庭暴力，构成虐待。常见的虐待有丈夫虐待妻子、父母虐待子女、子女虐待父母、儿媳虐待公婆等。

2. 遗弃

遗弃是指家庭成员中负有赡养、抚养、扶养义务的一方，对需要赡养、抚养、扶养的另一方，不履行其应尽义务的违法行为，如：①父母不抚养未成年子女。我国婚姻法明确规定：禁止溺婴和其他残害婴儿的行为。在我国，自实行计划生育之后出现遗弃、残害女婴的现象。②成年子女不赡养无劳动能力或生活困难的父母。③夫或妻不履行扶养对方的义务。

虐待和遗弃行为的受害人，往往是家庭中的老弱病残者和缺乏独立生活能力的人。因而，这些违法行为具有相当大的危害性，它们破坏了婚姻家庭关系，有悖于社会主义伦理道德，侵害了家庭成员的人身和财产权利，当然要为法律所禁止。对虐待、遗弃家庭成员构成犯罪的，应依法追究刑事责任。

第五节　计划生育

实行计划生育是我国的一项基本国策。我国宪法第二十五条明确规定："国家推行计划生育，使人口的增长同经济和社会发展计划相适应。"我国婚姻法根据宪法的精神，把计划生育作为一项基本原则，使这一政策法律化，这对有效地调节人口再生产和有计划地控制人口增长具有重要的意义。

一、实行计划生育的意义

（1）实行计划生育，有利于物质资料的生产和人类自身生产的基本平衡。
（2）实行计划生育，有利于新时期总任务的实现。
（3）实行计划生育，有利于提高人民生活水平。

二、实行计划生育的内容

"计划生育"一词的本意主要是指通过生育机制有计划地调节人口增长速度，包括提高和降低人口增长率，其内容不以节制生育为限。我国的计划生育是以降低人口增长速度、提高人口素质为目标的，基本要求是少生、优生、优育和适当的晚婚晚育。

第六节　夫妻应当互相忠实，家庭成员应当互相尊重

婚姻是夫妻双方以永久共同生活为目的的结合，双方互相忠实，包括性生活方面的忠实，这是婚姻的专一性和排他性的必然要求。我国婚姻法在修改的过程中将夫妻应当互相忠实作为一项基本原则加以规定有其必要性。这对于维护一夫一妻原则、保护婚姻家庭和维护受害一方的合法权益都具有重要意义。这一规定对夫妻关系来说既具有规范性，又具有倡导性。

尊老爱幼是中华民族的传统美德，我们应当将其发扬光大。维护平等、和睦、文明的婚姻家庭关系，既是对婚姻家庭关系进行法律调整的出发点，也是这种法律调整所追求的价值目标。

复习思考题：

1. 掌握婚姻自由、结婚自由、离婚自由、重婚、家庭暴力、虐待和遗弃的概念。

2. 如何理解婚姻自由？

3. 包办婚姻与买卖婚姻有何联系与区别？

4. 买卖婚姻与借婚姻索取财物有何联系与区别？

5. 如何认定和处理重婚问题？重婚和有配偶者与他人同居有何区别？

6. 试分析保护妇女、儿童和老人的合法权益原则。

7. 虐待和遗弃有什么危害性？

8. 计划生育有哪些基本要求？

案例 1

女甲与男乙恋爱，并书面订婚，但甲之母丙以乙经常赌博为由表示反对，并介绍本单位某丁与甲相识。后在甲、丁恋爱期间，丁曾送给丙编织机一台。甲也口头通知乙解除婚约。当甲、丁向婚姻登记管理机关提出结婚申请时，乙向当地人民法院起诉，提出：自己与甲订婚在先，甲单方终止婚约无效，法院对已形成的未婚夫妻关系应予以保护；订婚时，甲曾接受过乙金项链一条、时装两套和 1 000 元现金，甲对此应予返还；丙有干涉婚姻自由及包办买卖婚姻行为，法院须加以惩处。请就下列问题作出回答：

（1）丙的行为是否构成干涉婚姻自由和包办买卖婚姻？为什么？

（2）丙收受丁一台编织机属于什么性质？应如何处理？

（3）甲、乙的婚约是否应予以保护？为什么？甲接受乙金项链等财物是否应予以返还？

（4）婚姻登记管理机关是否应为甲、乙办理结婚登记手续？

第四章　亲属制度

第一节　亲属制度概述

一、亲属的概念

亲属是指基于婚姻、血缘或法律拟制而形成的社会关系，这种社会关系一经法律调整，便在具有亲属身份的主体之间产生了法定的权利和义务。

亲属有广义、狭义两种含义。广义的亲属是指一切具有婚姻、血缘或法律拟制血亲关系的人。狭义的亲属仅指彼此之间具有法律上的权利义务关系的人。

二、亲属的特征

（1）亲属有固定的身份和称谓。

（2）亲属关系只能基于血缘、婚姻或法律拟制而产生。

（3）法律确定的亲属之间存在着特定的权利和义务。

三、亲属与家长、家属、家庭成员的区别

（一）亲属与家长、家属的区别

传统意义上的家长是指一家中为首的人，一般由家庭成员中辈分高而年长的男性担任。

家属是家长的对称，是指家长以外其他家庭成员，处于从属地位。

（二）亲属与家庭成员的区别

家庭成员是指同居一家共同生活，相互具有权利和义务关系的近亲属。为此，家庭成员一般都是亲属关系，而有亲属关系则不一定是家庭成员。

第二节　亲属的种类

一、亲属的种类

亲属的分类因不同时代、不同国家而异。

（一）我国古代亲属的分类

1. 宗亲

宗亲是指同一祖先的男系血亲及加入父宗的配偶及未嫁女。

2. 外亲

外亲是指以女系血统相联系的亲属，包括母族、女族、妻族。

3. 妻亲

妻亲是指夫对妻的血亲之间的亲属关系，包括妻的父母、妻的兄弟姐妹及其子女等。

（二）我国现代亲属的分类

依据亲属关系发生的原因为标准，我国将亲属分为以下几类。

1. 血亲

血亲是指有血缘联系的亲属。有自然血亲和拟制血亲两种。

（1）自然血亲是指因出生而自然形成的，源于同一祖先的有血缘联系的亲属。

（2）拟制血亲是指本无血缘联系，而由法律确认其具有与自然血亲同等权利和义务的亲属，故又称"准血亲"。

2. 配偶

配偶即夫妻，为男女两性间因结婚而发生的亲属关系。

3. 姻亲

姻亲是指以婚姻关系为中介而产生的亲属。姻亲包括以下三种。

（1）血亲的配偶。

血亲的配偶指己身与自己血亲的配偶之间的关系，如儿媳、女婿等。

（2）配偶的血亲

配偶的血亲指己身与自己配偶的血亲之间的关系，如公婆、岳父母等。

（3）配偶的血亲的配偶

配偶的血亲的配偶指己身与自己配偶的血亲的配偶之间的关系，如妯娌、连襟。

第三节　亲系和亲等

一、亲系

亲系是亲属间的血缘联系。

（一）男系亲和女系亲

男系亲是指与男子血统相联系的亲属。

女系亲是指与女子血统相联系的亲属。

（二）父系亲和母系亲

父系亲是指以父亲为中介而产生的亲属。

母系亲是指以母亲为中介而产生的亲属。

（三）直系亲和旁系亲

1. 直系血亲与直系姻亲

直系血亲是指具有直接血缘联系的亲属，如父母子女、祖父母与孙子女等。

直系姻亲是指己身的晚辈直系血亲的配偶或己身的配偶的长辈直系血亲，即为自己的直系姻亲。

2. 旁系血亲和旁系姻亲

旁系血亲是指具有间接血缘联系的亲属，即直系血亲以外的，与己身同出自一源的亲属，如兄弟姐妹等。

旁系姻亲是指自己旁系血亲的配偶或自己配偶的旁系血亲，以及自己配偶的旁系血亲的配偶三类人而言。

（四）长辈亲属、晚辈亲属、平辈亲属

（1）长辈亲属是指辈分高于自己的亲属，即父母以及父母同辈以上的亲属。

（2）晚辈亲属是指辈分低于自己的亲属，即子女以及子女同辈以下的亲属。

（3）平辈亲属是指辈分相同的亲属。

二、亲等

亲等是计算亲属关系亲疏远近的单位。

根据世界各国亲属法的规定，外国对亲等计算有两种方法，即罗马法亲等计算法和寺院法亲等计算法。

（一）罗马法亲等计算法

1. 直系血亲的亲等计算法

从己身往上或往下数，以一世为一亲等，世代数之和即直系血亲的亲等数，本身不算作一代，如父母和子女为一世即一亲等、祖父母和孙子女为二世即二亲等。

2. 旁系血亲的亲等计算法

首先找出己身和该旁系血亲的最近同源长辈直系血亲，然后，以己身上数至同源直系血亲，再以该同源人下数至要计算的旁系血亲，其世代数相加之和，即己身与该旁系血亲间的亲等数，如兄弟姐妹为二亲等。

（二）寺院法亲等计算法

1. 直系血亲的亲等计算法

直系血亲的亲等计算法与罗马法亲等计算法相同。

2. 旁系血亲的亲等计算法

首先，找出己身和该旁系血亲的最近同源长辈直系血亲，然后，从己身和该旁系血亲分别上数至最近的同源直系血亲，如果两边的世代数相等，这一相同数即为双方的亲等数；如果两边的世代数不等，则取其世代数多的一边作为双方的世代数，如兄弟姐妹为一亲等；叔侄为二亲等。

（三）我国现在婚姻法采用"世代"计算法

1. 直系血亲的代份计算法

从己身往上数，己身为一代，父母为二代，祖父母、外祖父母为三代。

2. 三代以内旁系血亲的代份计算法

首先，找出己身的旁系血亲的最近同源的长辈直系，然后对己身和同源旁系血亲分别上数至同源最近的直系血亲，如果两边均为三代以内，则断定同源亲属为三代以内旁系血亲。

<h1 style="text-align:center">第四节　亲属关系的发生、法律效力及其终止</h1>

一、亲属关系的发生原因

亲属关系是指因一定法律事实的出现，而使当事人之间产生亲属关系。不同类型的亲属，其发生根据是不同的。

（一）配偶

因婚姻关系的产生而发生，根据我国婚姻法以准予结婚登记、领取结婚证为配偶关系发生的依据。

（二）血亲

（1）自然血亲是指以出生为发生的唯一依据。

（2）拟制血亲是指养父母与养子女以收养子女的法律行为为发生根据。

继父母与其抚养的继子女之间发生拟制血亲关系条件之一是生父或生母与继父或继母有再婚的法律行为；条件之二是继父母在事实上已承担了继子女生活费、教育费的一部分或全部。

（三）姻亲

姻亲是以婚姻和血缘两种事实为中介而形成的。

二、亲属的法律效力

亲属的法律效力是指一定范围内的亲属所具有的法定权利义务及其在法律上发生的其他效果。

（一）亲属在婚姻法上的效力

（1）一定范围内的亲属有互相扶养的义务。

（2）一定范围内的亲属有互相继承遗产的权利。

（3）一定范围内的亲属具有法定的共同财产。

（4）一定范围内的血亲禁止结婚。

（5）特定的亲属代为承担民事责任。

（二）亲属在民法上的效力

（1）亲属可以作为特定法律主体的监护人或法定代理人，享有监护权、代理权。

（2）一定范围内的近亲属，可以向法院申请精神病人为无完全民事行为能力人。

（3）根据一定的亲属关系，确定法定继承人的范围和顺序。

（4）特定的监护人替代被监护人承担民事责任。

（5）亲属享有对失踪人的财产代管权。

（三）亲属在刑法上的效力

（1）某些犯罪的构成，必须以有一定的亲属关系为条件。

（2）亲属关系在刑法上受到特殊保护。

（3）亲属在法定条件下享有告知权。

（四）亲属在民事诉讼法、刑事诉讼法和行政诉讼法上的效力

（1）一定范围的亲属身份是司法人员回避的原因。

（2）亲属在诉讼过程中享有辩护权和代理权。

（3）有权提起行政诉讼的公民死亡，其近亲属可以提起诉讼。

（4）死亡人的名誉权、著作权受到侵害，其近亲属可以提起诉讼。

（5）亲属在诉讼过程中也负有一定的义务。

（五）亲属在国籍法上的效力

亲属在国籍法上是取得国籍、入籍、退籍的重要依据。

（1）中国国籍的自然取得，依据一定的亲属关系。

（2）与中国人有一定亲属关系的外国人、无国籍人可以申请加入中国国籍。

（3）与外国人有一定亲属关系的中国人，可以申请退出中国国籍。

三、亲属关系的终止

亲属关系的终止是指因发生一定的法律事实，而使当事人之间既存的亲属身份和权利义务关系归于消灭。

（一）配偶的终止

因婚姻关系的终止而消灭。引起婚姻关系终止的原因有两个，一是配偶一方死亡（包括自然死亡或被宣告死亡）；二是离婚。根据我国婚姻法规定，以配偶一方死亡时间或领得离婚证、人民法院准予离婚的调解书和判决书生效的时间作为配偶关系终止的时间。

（二）血亲的终止

1. 自然血亲的终止

自然血亲的终止只能因一方自然死亡或被宣告死亡而终止，而不能通过法律手段人为地加以解除。

2. 拟制血亲的终止

除因一方死亡而终止外，还可因法律行为而终止，如收养关系的解除，收养行为被宣告无效等。

（三）姻亲关系的终止

姻亲关系的终止是否因婚姻关系的终止而终止，我国法律对此并无明文规定。

复习思考题：

1. 如何理解亲属的含义？

2. 亲属有哪些种类？

3. 试述直系血亲、旁系血亲、拟制血亲的概念。

4. 如何确定亲系和亲等?

5. 各种亲属关系发生和终止的原因是什么?

6. 亲属在法律上的效力主要有哪些?

第五章　结婚制度

第一节　结婚制度概述

一、结婚的概念

结婚是男女双方依照法定的条件和程序，确立夫妻关系的重要民事法律行为。结婚的概念有广义和狭义之分。广义的结婚不仅包括夫妻关系的确定，而且也包括婚约的订立。狭义的结婚仅指男女完婚，不包括婚约的订立。

二、我国结婚制度的历史沿革

（一）掠夺婚
掠夺婚又称抢婚，是指男子以暴力劫夺女子为妻的婚配形式。

（二）有偿婚
有偿婚是指以男方向女方家庭支付一定代价为条件而缔结的婚姻。
有偿婚包括以下三种形式：

（1）买卖婚是指以男方支付女子身份为要件的婚姻。

（2）交换婚亦称互易婚，是以交换妇女为特征的婚姻。

（3）劳役婚是指以男方为女方家庭服一定期限的劳役为报偿而形成的婚姻。

（三）聘娶婚
聘娶婚是指以男方向女方支付一定数量的聘财为要件的婚姻。

（四）共诺婚
共诺婚亦称自由婚或契约婚，它是以男女双方合意而成立的婚姻。

此外，在历史上还存在以下几种特殊的结婚方式。

1. 强制婚

（1）选婚就是封建统治者利用手中的权力在民间搜选美女进宫，供其玩弄之用。

（2）罚婚就是统治者把已经判刑人之妻强制判配给奴隶。

2. 赠与婚

（1）赠婚就是统治者为了缓和与外敌的矛盾而采取的所谓"和亲"政策。

（2）赐婚就是统治者为了赏赐有功之臣，或为了拉拢皇亲国戚，使之为统治者效劳而赐的婚姻。

（3）收继婚就是丈夫死后，其妻子由本房的亲族接替为夫。

（4）续婚就是姐姐死了，妹妹嫁给姐夫；或者妹妹死了，姐姐续嫁给妹夫为妻的婚姻。

三、中国封建社会的结婚制度

（一）结婚的实质要件

婚姻的成立不是出于男女双方本人的自愿，而是受父母、家长的意志所支配。婚姻的决定权不是属于男女双方的当事人，而是属于主婚人。"父母之命，媒妁之言，设定婚书，收受聘财"就是封建婚姻成立的必备条件。

（二）结婚的形式要件

中国封建社会的结婚制度是以聘娶婚为主要形式的。西周始创的烦琐复杂的"六礼"即纳采、问名、纳吉、纳征、请期、亲迎，为这种结婚方式规定了完备的礼仪程序。现将"六礼"的内容介绍如下。

（1）纳采——男家使媒人通言，表达愿与女家通婚之意，如果不为女家拒绝，即备礼正式求婚。

（2）问名——所问者问女方生母的姓名（以使分辨嫡庶），以及女方本人的姓名和出生年、月、日、时等（以便卜其吉凶）。

（3）纳吉——问名后如卜得吉兆，男家再让媒人告之女家，又称文定或通书。

（4）纳征——男家向女家交纳聘财，婚约至此成立，不得后悔。

（5）请期——男家向女家请以成婚之期，如女家推辞，即由男家决定。其后来演变为由男家告知迎娶的日期。

（6）亲迎——男家奉家长之命，到女家迎娶。按古时礼制，应在黄昏时候迎娶。迎归后，夫妻行合卺之礼——成妻之仪，此外，还需行庙见礼——成妇之仪。

（三）结婚的禁止条件

（1）同姓不婚（同宗同姓不同婚）。

（2）尊卑不婚。

（3）宗妻不婚。

（4）中表不婚。

（5）良贱不婚。

（6）奸逃不婚。

此外，封建的礼法规定尊亲丧不能嫁娶；夫丧未满不得再嫁；父母被囚禁不得嫁娶。这些规定都是以维护封建伦理纲常为宗旨。

第二节　婚　约

一、婚约的概念

婚约俗称订婚，是男女双方以将来结婚为目的而作的事先约定。

二、婚约的类型

（一）早期型婚约

（1）订婚是结婚的必经程序。

（2）订婚的当事人不是结婚的当事人本人。

（3）婚约具有人身上和财产上的约束力。

（二）晚期型婚约

（1）订婚不是结婚的必经程序。

（2）订婚的当事人是结婚的当事人本人。

（3）婚约不具有法律上的约束力。

三、我国政策、法律对待婚约的态度

（1）订婚不是结婚的必经程序。

（2）男女双方当事人是否订婚遵从自愿。

（3）订婚不具有法律上的约束力。只有在双方自愿的情况下才能履行。双方要解除婚约即可解除，一方解除婚约也不必取得他方的同意。

四、因订立婚约而引起财物纠纷案件的处理

因订立婚约而引起财物纠纷案件应由人民法院加以处理。现在有的地方对于这类纠纷采取这样的处理办法：凡男方提出解除婚约的，不管女方以任何形式从男方取得的财物，均不退还；女方提出解除婚约的，女方所得财物，一律退还。这种处理办法并不恰当。

根据一些地方的实践，处理这类案件有以下几种做法值得借鉴。

（1）依照我国婚姻法第三条"禁止借婚姻索取财物"的规定，凡一方借订立婚约向对方索取财物的行为均属非法，不管哪一方提出解除婚约，另一方索取的财物原则上应予退还。但对退还全部财物确实有困难的，可酌情减少。例如：女青年李与男青年刘订婚时，李曾向刘索要五千元，后李提出解约，男方向法院起诉，要求李退还财物，此时李正为其父治病，无力全部退还，经法院调解据情况退还四千元。

（2）某些纠纷不仅具有非法索取财物的性质，而且双方当事人（或双方某些起决定作用的当事人）的违法行为很恶劣，影响极坏。对此，人民法院可判决没收"彩礼"上缴国库。例如：甲为收彩礼一千元迫使其女与乙子订婚，后来甲女发现乙借为长子订婚，实为患间歇性精神病的次子订婚，因而，坚决要求解约。

（3）赠与物的返还问题。赠与的财物一般不予退还。但是有些赠与的财物价值较大，可根据实际情况酌情返还全部或一部分。

（4）对于以订婚为名，骗取财物的，无论谁提出解除婚约，都应将财物退还；情节严重构成犯罪的，应追究刑事责任。

（5）对于以订婚为名，以赠给财物为手段，玩弄异性的，解除婚约时，财物不予退还。

(6)《最高人民法院关于适用〈中华人民共和国婚姻法〉若干问题的解释（二）》第十条当事人请求返还按照习俗给付的彩礼的，如果查明属于以下情形，人民法院应当予以支持：

（一）双方未办理结婚登记手续的；

（二）双方办理结婚登记手续但确未共同生活的；

（三）婚前给付并导致给付人生活困难的；

适用第（二）（三）项的规定，应当以双方离婚为条件。

第三节　结婚的条件

结婚的条件是指结婚的实质要件，包括必备条件和禁止条件。

我国婚姻法规定，结婚必须男女双方完全自愿，到达法定婚龄，符合一夫一妻制，没有禁止结婚的近亲关系，没有禁止结婚的疾病。这些就是结婚的必备条件和禁止条件。

一、结婚的必备条件

（一）必须男女双方完全自愿

《中华人民共和国婚姻法》第五条规定："结婚必须男女双方完全自愿，不许任何一方对他方加以强迫或任何第三者加以干涉。"这一规定包括三层含义：自己做主，而不是别人做主；完全的自主自愿，不是勉强的凑合；必须是双方自愿，而不是一方情愿。

（二）必须达到法定婚龄

法定婚龄是法律规定的准予结婚的最低年龄。男女结婚需要达到一定的年龄，才能具备适合的生理条件和心理条件，履行夫妻的义务，承担对家庭和社会的责任。

《中华人民共和国婚姻法》第六条规定："结婚年龄，男不得早于二十二周岁，女不得早于二十周岁。晚婚晚育应予鼓励。"这一规定是有充分的根据的，是完全符合我国的实际情况的。

结婚年龄的确定是由两个条件决定的，即自然因素和社会因素。自然因素即人的生理、心理发育情况和智力成熟情况，同时还包括一定地区的气候、地理条件等影响。在确定婚龄时，应考虑男女生理、心理特点，尊重自然规律。社会因素即政治、经济、文化、人口状况、道德、宗教及民族习惯等的要求。社会生产力发展状况和人口状况是确定法定婚龄的主要依据。在两种因素中，社会因素起着更为重要的作用。

（三）必须符合一夫一妻制

一夫一妻制是婚姻制度的基本原则，是结婚的必备条件，法律禁止重婚。

二、结婚的禁止条件

（一）禁止结婚的血亲关系

禁婚亲是指法律规定的禁止结婚的亲属。《中华人民共和国婚姻法》第七条规定，直系血亲和三代以内的旁系血亲禁止结婚。直系血亲是指源于同一祖父母、外祖父母的血亲。三代以内的旁系血亲是指自己的祖父母和外祖父母以下，同源而生的直系血亲以外的三代亲属。三代以内的直系血亲及旁系血亲如图 5-1 所示。

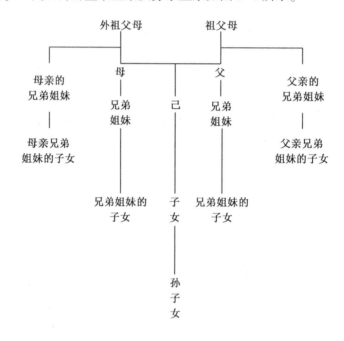

图 5-1　三代以内的直系血亲及旁系血亲图

在理解禁止血亲间结婚的问题时，还应注意以下问题。

（1）养父母与养子女间不准结婚，因为双方是法律拟制的直系血亲关系。

（2）同父异母或同母异父兄弟姐妹之间，属于半血缘的亲属关系，禁止结婚。

（3）异父异母的兄弟姐妹间结婚的问题，婚姻法对此并无明文规定。根据我国人民的道德观念和广大人民的习惯，应以不能结婚为宜，但是如果双方坚持结婚，根据婚姻法的精神，也可准许结婚。

（4）形成抚养关系的继父母和继子女间不得结婚，因为这种继父母和继子女间形成法律上的拟制血亲关系。

（5）无抚养关系的继父母和继子女间可以通婚，因为这种继父母和继子女间的关系只是名义上的继父母子女关系，构不成法律上的拟制血亲关系。

禁止近亲结婚的理由如下：

（1）对子女的健康、智力的发育有不良影响。

（2）很容易把双方生理上的缺陷遗传给后代。

（3）对民族的健康带来不良的后果。

（二）禁止结婚的疾病

法律禁止患有特定疾病的人结婚，其目的是为了防止和避免疾病的传染和遗传，保护婚姻当事人的利益和社会利益。《中华人民共和国婚姻法》第七条规定，患有医学上认为不应当结婚的疾病者，禁止结婚。根据我国相关法律、法规的规定，患有医学上认为不应当结婚的疾病主要有以下几点。

（1）严重遗传性疾病，是指由于遗传因素先天形成的，患者全部或者部分丧失自主生活能力，后代再现风险高，医学上认为不宜生育的遗传性疾病，如先天性的痴呆。

（2）指定传染病，是指《中华人民共和国传染病防治法》中规定的艾滋病、淋病、梅毒、麻风病以及医学上认为影响结婚和生育的其他传染病。

（3）精神病，是指精神分裂症、躁狂抑郁型精神病以及其他重型精神病。

第四节　结婚的程序

在我国，结婚除必须符合法定的条件外，还必须履行法定的程序，即办理结婚登记。

我国实行结婚登记制度。按照《中华人民共和国婚姻法》第八条规定："要求结婚的男女双方必须亲自到婚姻登记机关进行结婚登记，符合本法规定的，予以登记，发给结婚证。取得结婚证，即确立夫妻关系。未办理结婚登记的，应当补办登记。"

一、结婚登记的意义

（1）实行结婚登记，这是党和人民政府关系人民群众切身利益的一种具体表现。

（2）实行结婚登记，是国家指导和监督当事人正确处理结婚问题的有效措施。

（3）实行结婚登记，也是在婚姻问题上开展法制宣传，同旧制度、思想的残余做斗争的重要环节。

二、结婚登记的目的

结婚登记的目的，在于保障婚姻自由，防止包办买卖婚姻；保障一夫一妻制，防止重婚，保障男女双方和下一代的健康，防止早婚和近亲结婚，防止患有医学上认为不应当结婚的疾病的人结婚及其他违反婚姻法的行为。

三、结婚登记的机关

内地居民办理婚姻登记的机关是县级人民政府民政部门或者乡（镇）人民政府，省、自治区、直辖市人民政府可以按照便民原则确定农村居民办理婚姻登记的具体机关。

四、结婚登记的程序

中国（除香港、澳门、台湾）居民结婚，男女双方应当共同到一方当事人常住户口所在地的婚姻登记机关办理结婚登记。结婚登记的程序，大致可分为申请、审查和登记三个环节。

（1）申请，要求结婚的当事人双方必须亲自到婚姻登记机关提出结婚登记请求。办理结婚登记的内地居民应当出具的证件和证明材料有：本人的户口簿、身份证；本人无配偶以及与对方当事人没有直系血亲和三代以内旁系血亲关系的签字声明。

（2）审查，登记机关接到结婚申请后，必须进行认真审查，以便查明是否符合结婚条件。审查是结婚登记的中心环节。审查的内容有两项：一是查验当事人提交的证件和证明材料是否齐全、符合规定；二是审查当事人是否符合法律规定的结婚条件。

（3）登记，婚姻登记机关应当对结婚登记当事人出具的证件、证明材料进行审查并询问相关情况。对当事人符合结婚条件的，应当当场予以登记，发给结婚证；对当事人不符合结婚条件不予登记的，应当向当事人说明理由。依据《婚姻登记条例》第六条的规定，办理结婚登记的当事人有下列情形之一的，婚姻登记机关不予登记：①未到法定结婚年龄的；②非双方自愿的；③一方或者双方已有配偶的；④属于直系血亲或者三代以内旁系血亲的；⑤患有医学上认为不应当结婚的疾病的。

男女双方补办结婚登记的，适用《婚姻登记条例》有关结婚登记的规定。

离婚的男女双方自愿恢复夫妻关系的，应当到婚姻登记机关办理复婚登记。复婚登记适用《婚姻登记条例》有关结婚登记的规定。

结婚证是婚姻登记机关签发的证明婚姻关系成立的法律文书。结婚证遗失或者损毁的，当事人可以持户口簿、身份证向原办理婚姻登记的机关或者一方当事人常住户口所在地的婚姻登记机关申请补领。婚姻登记机关对当事人的婚姻登记档案进行查证，确认属实的，应当为当事人补发结婚证。

第五节 无效婚姻和可撤销婚姻

一、无效婚姻和可撤销婚姻的概念

无效婚姻是欠缺婚姻成立法定要件的婚姻，因而不具有婚姻的效力。

可撤销婚姻是指一方因受另一方胁迫，违背其真实意愿而成立的婚姻。

二、规定无效婚姻和可撤销婚姻的必要性

我国 1950 年和 1980 年婚姻法都没有对无效婚姻和可撤销婚姻作出规定。国务院制定的《婚姻登记管理条例》有"婚姻关系无效"的提法。该条例规定：未到法定结婚年龄的公民以夫妻名义同居的，或者符合结婚条件的当事人未经结婚登记以夫妻名义同居的，其婚姻关系无效，不受法律保护。申请婚姻登记的当事人弄虚作假，骗取婚姻登

记的，婚姻登记管理机关应当撤销婚姻登记，对结婚、复婚的当事人宣布其婚姻关系无效并收回结婚证。

为此，一些法学家认为，婚姻法缺少无效婚姻和可撤销婚姻制度会产生以下弊端。

（1）破坏了结婚制度的完整性和系统性。

（2）混淆了不同性质的矛盾。

（3）造成了不必要的法律冲突，损害了婚姻法的严肃性和权威性。

（4）不利于对违法婚姻的治理。

从国外立法来看，意大利、俄罗斯、日本、瑞士、菲律宾等国家都对无效婚姻和可撤销婚姻作了规定。

2001年修改婚姻法考虑专家的意见，借鉴国外的立法，修改后的我国婚姻法增加了关于无效婚姻和可撤销婚姻的规定，其必要性表现为以下几个方面。

（1）无效婚姻和可撤销婚姻的规定有利于坚持结婚条件和结婚程序，保障婚姻的合法成立。

（2）无效婚姻和可撤销婚姻的规定有利于预防和减少婚姻纠纷，保障公民的合法权益。

（3）无效婚姻和可撤销婚姻的规定有利于加强执法力度，制裁在结婚问题上的违法行为。

三、无效婚姻和可撤销婚姻的法定原因

根据我国2001年的婚姻法修正案第十条的规定，婚姻无效的原因有4种：

（1）重婚；

（2）有禁止结婚的亲属关系；

（3）婚前患有医学上认为不应结婚的疾病，婚后尚未治愈的；

（4）未到法定婚龄的。

我国2001年的婚姻法修正案第十一条规定，因胁迫结婚的，受胁迫的一方可以向婚姻登记机关或人民法院请求撤销该婚姻。由此可知，可撤销婚姻的法定原因是胁迫，这里所称的"胁迫"，是指行为人以给另一方当事人或者其近亲属的生命、身体健康、名誉、财产等方面造成损害为要挟，迫使另一方当事人违背真实意愿结婚的情况。

四、确认无效婚姻和可撤销婚姻的法定程序

1. 请求权人

有权依据我国婚姻法第十条规定向人民法院就已办理结婚登记的婚姻申请宣告婚姻无效的主体，包括婚姻当事人及利害关系人。利害关系人包括：①以重婚为由申请宣告婚姻无效的，为当事人的近亲属及基层组织；②以未到法定婚龄为由申请宣告婚姻无效的，为未达法定婚龄者的近亲属；③以有禁止结婚的亲属关系为由申请宣告婚姻无效的，为当事人的近亲属；④以婚前患有医学上认为不应当结婚的疾病，婚后尚未治愈为由申请宣告婚姻无效的，为与患病者共同生活的近亲属。

根据《最高人民法院关于适用〈中华人民共和国婚姻法〉若干问题的解释

（二）》第六条的规定，利害关系人依据婚姻法第十条的规定，申请人民法院宣告婚姻无效的，利害关系人为申请人，婚姻关系当事人双方为被申请人。夫妻一方死亡的，生存一方为被申请人。夫妻双方均已死亡的，不列被申请人。

我国婚姻法第十一条规定，因受胁迫而请求撤销婚姻的，只能是受胁迫一方的婚姻关系当事人本人。

2. 请求期间

当事人依据我国婚姻法第十条规定，向人民法院申请宣告婚姻无效的，请求期间是申请时，法定的无效婚姻情形尚未消失。根据《最高人民法院关于适用〈中华人民共和国婚姻法〉若干问题的解释（一）》第八条的规定，当事人依据婚姻法第十条规定，向人民法院申请宣告婚姻无效的，申请时，法定的无效婚姻情形已经消失的，人民法院不予支持。

根据《最高人民法院关于适用〈中华人民共和国婚姻法〉若干问题的解释（二）》第五条的规定，夫妻一方或者双方死亡后一年内，生存一方或者利害关系人依据婚姻法第十条的规定申请宣告婚姻无效的，人民法院应当受理。

我国婚姻法第十一条规定，受胁迫的一方撤销婚姻的请求，应当自结婚登记之日起一年内提出。被非法限制人身自由的当事人请求撤销婚姻的，应当自恢复人身自由之日起一年内提出。请求撤销婚姻的时间为除斥期间，在此期间内不提出请求，权利丧失，双方不愿一起共同生活的，只能请求离婚。

3. 宣告机关

宣告婚姻无效的机关是人民法院。

人民法院审理宣告婚姻无效案件应注意以下问题。

（1）有关婚姻效力的案件应适用特别程序。婚姻无效案件应以判决形式结案，有关婚姻效力的判决一经作出，即发生法律效力。根据《最高人民法院关于适用〈中华人民共和国婚姻法〉若干问题的解释（一）》第九条的规定，人民法院审理宣告婚姻无效案件，对婚姻效力的审理不适用调解，应当依法作出判决；有关婚姻效力的判决一经作出，即发生法律效力。根据《最高人民法院关于适用〈中华人民共和国婚姻法〉若干问题的解释（二）》第二条的规定，人民法院受理申请宣告婚姻无效案件后，经审查确属无效婚姻的，应当依法作出宣告婚姻无效的判决。原告申请撤诉的，不予准许。

（2）涉及财产分割和子女抚养的，适用普通程序或简易程序。双方当事人之间的争议可以调解，调解达成协议的，另行制作调解书。对财产分割和子女抚养问题的判决不服的，可以提起上诉。根据《最高人民法院关于适用〈中华人民共和国婚姻法〉若干问题的解释（一）》第九条的规定，涉及财产分割和子女抚养的，可以调解。调解达成协议的，另行制作调解书。对财产分割和子女抚养问题的判决不服的，当事人可以上诉。根据《最高人民法院关于适用〈中华人民共和国婚姻法〉若干问题的解释（二）》第四条的规定，人民法院审理无效婚姻案件，涉及财产分割和子女抚养的，应当对婚姻效力的认定和其他纠纷的处理分别制作裁判文书。

（3）人民法院在审理有关案件发现婚姻无效时，可以根据有关事实主动否认违法婚姻的效力，并在相关案件的判决中予以宣告。根据《最高人民法院关于适用〈中华人民共和国婚姻法〉若干问题的解释（二）》第三条的规定，人民法院受理离婚案件后，经审查确属无效婚姻的，应当将婚姻无效的情形告知当事人，并依法作出宣告婚姻无效的判决；第七条的规定，人民法院就同一婚姻关系分别受理了离婚和申请宣告婚姻无效案件的，对于离婚案件的审理，应当待申请宣告婚姻无效案件作出判决后进行。

我国婚姻法第十一条规定，因胁迫结婚的，受胁迫的一方可以向婚姻登记机关或人民法院请求撤销该婚姻。由此可知，可撤销婚姻的宣告机关为婚姻登记机关或人民法院。因胁迫结婚的，受胁迫的当事人依据我国婚姻法第十一条的规定向婚姻登记机关请求撤销其婚姻的，应当出具下列证明材料：

（1）本人的身份证、结婚证；

（2）能够证明受胁迫结婚的证明材料。

婚姻登记机关经审查认为受胁迫结婚的情况属实且不涉及子女抚养、财产及债务问题的，应当撤销该婚姻，宣告结婚证作废。

五、无效婚姻和可撤销婚姻的法律后果

我国婚姻法第十二条规定："无效或被撤销的婚姻，自始无效。当事人不具有夫妻的权利和义务，同居期间所得的财产，由当事人协议处理；协议不成时，由人民法院根据照顾无过错方的原则判决。对重婚导致的婚姻无效的财产处理，不得侵害合法婚姻当事人的财产权益。当事人所生子女，适用本法有关父母子女的规定。"由此得知，在我国，无效婚姻和可撤销婚姻具有相同的法律后果。

1. 溯及力问题

无效或被撤销婚姻，自始无效。我国婚姻法第十二条所规定的自始无效，是指无效或者可撤销婚姻在依法被宣告无效或被撤销时，才确定该婚姻自始不受法律保护。

2. 父母子女关系

适用我国婚姻法有关父母子女关系的规定。

3. 财产的处理

（1）当事人不具有夫妻的权利和义务，同居期间所得的财产，由当事人协议处理，协议不成时，由人民法院根据照顾无过错方的原则判决。被宣告无效或被撤销的婚姻，当事人同居期间所得的财产，按共同共有处理。但有证据证明为当事人一方所有的除外。人民法院审理重婚导致的无效婚姻案件时，涉及财产处理的，应当准许合法婚姻当事人作为有独立请求权的第三人参加诉讼。

（2）无效婚姻和被撤销婚姻无过错一方无补偿请求权。

（3）无效婚姻和被撤销婚姻生活困难一方无请求获得适当帮助的权利。

（4）因重婚被宣告婚姻无效的，作为同居财产分割的，仅限于重婚者的个人财产。

第六节　事实婚姻

一、事实婚姻的概念

事实婚姻是指没有配偶的男女，未经结婚登记，即以夫妻名义同居生活，群众也认为是夫妻关系的结合。

构成事实婚姻的条件有四个：

（1）从主体上看，是没有配偶的男女；

（2）从目的上看，是为了终身共同生活，这就与通奸、姘居或其他不正当的两性关系有根本的区别；

（3）从内容上看，男女双方均以夫妻名义，并公开同居生活，这与不正当的两性关系的隐蔽性、临时性、无夫妻名义等特点有明显的区别；

（4）从程序上看，没有进行结婚登记是事实婚姻与合法婚姻的根本区别。

事实婚姻是欠缺法律要件的一种违法婚姻，原则上法律不予承认和保护。但是事实婚姻问题往往比较复杂，在司法实践中应分情况，区别对待，妥善处理。

二、我国政策、法律对事实婚姻的态度

未按《中华人民共和国婚姻法》第八条规定办理结婚登记而以夫妻名义共同生活的男女，起诉到人民法院要求离婚的，应当区别对待。

（1）1994年2月1日民政部《婚姻登记管理条例》公布实施以前，男女双方已经符合结婚实质要件的，按事实婚姻处理。

（2）1994年2月1日民政部《婚姻登记管理条例》公布实施以后，男女双方符合结婚实质要件的，人民法院应当告知其在案件受理前补办结婚登记；未补办结婚登记的，按解除同居关系处理。

未按《中华人民共和国婚姻法》第八条规定办理结婚登记而以夫妻名义共同生活的男女，一方死亡，另一方以配偶身份主张享有继承权的，按照《最高人民法院关于适用〈中华人民共和国婚姻法〉若干问题的解释（一）》第五条的原则处理。

复习思考题：

1. 简述婚姻成立的概念及其特征。

2. 试述结婚的法定条件。

3. 试述结婚的法定程序。

4. 试述无效婚姻的概念及其法律后果。

5. 试述可撤销婚姻的概念及其法律后果。

6. 如何认定事实婚姻与非法同居关系？

案例 1

某甲（男）与某乙（女）未达到法定婚龄，但通过不正当手段更改户口上的出生年月并骗取了结婚证书。一年以后，某乙生育一名男孩。婚姻登记机关在检查婚姻登记工作时发现了这一事实，但此时某甲与某乙的实际年龄都已达到了法定结婚年龄。

问：对某甲与某乙的上述行为应如何处理？

案例 2

男青年宋平，23 岁，女青年杨云，21 岁。双方自愿确立了恋爱关系。可是杨的父母坚决反对这门婚事。原来，宋平的母亲与杨云的祖母是同胞姐妹，由此可知，宋与杨是表叔与表侄女关系。杨的父母认为，双方辈分不同不能结婚，但宋、杨二人决心不顾父母的反对，决定登记结婚。

问：根据我国现行婚姻法的规定，婚姻登记机关应否准予二人登记结婚？为什么？

案例 3

女青年宋玉芬，现年 23 岁，1 岁时被其生母陈元玲的姐夫陈元清之妹陈琼收养。现宋与陈元清之子陈春生（现年 25 岁）自由恋爱，并共同持有关证件向婚姻登记机关申请结婚登记。

请分析：宋、陈之间是何种亲属关系？婚姻登记机关应否为其办理结婚登记？

第六章　婚姻效力

　　婚姻效力是指男女因结婚而产生的法律后果，它随婚姻关系的确立而发生，并随婚姻关系的消灭而终止。婚姻的效力有广义和狭义之分。广义的婚姻效力，指婚姻的成立在婚姻家庭法及其他相关法律中产生的法律后果。狭义的婚姻效力，仅指婚姻在婚姻家庭法上的效力，其又可分为婚姻的直接效力和间接效力。直接效力指因婚姻而产生的夫妻间的权利和义务关系；间接效力指因婚姻引起的其他亲属间的权利和义务关系。本章所讲的婚姻效力是指狭义的婚姻效力。

第一节　夫妻关系

一、夫妻关系的性质和内容

　　夫妻是以永久共同生活为目的而结合的伴侣。

　　夫妻关系的内容是指双方之间在人身和财产方面的权利和义务，它是由法律加以规定的。

二、夫妻关系的历史沿革

　　（一）夫妻一体主义时期

　　夫妻一体主义亦称夫妻同体主义，它是指男女结婚后合为一体，夫妻的人格相互吸收，它是古代法以家族为本位的立法思想的体现。

　　（二）夫妻别体主义时期

　　夫妻别体主义亦称夫妻异体主义，指男女婚后各自保有独立的人格，各有财产上的权利和行为能力，且相互之间有权利和义务关系，表现为男女在法律上的平等。

　　（三）社会主义制度下夫妻的法律地位

　　我国婚姻法第十三条规定，夫妻在家庭中地位平等。但实际生活中的平等与法律的要求还有一定差距。

三、夫妻人身关系

　　夫妻人身关系，即没有直接财产内容的夫妻人格、身份方面的权利和义务。

　　（1）夫妻双方都有各用自己姓名的权利。

　　（2）夫妻双方都有参加生产、工作、学习和社会活动的自由。

　　（3）夫妻双方都有实行计划生育的义务。

　　①国家用法律形式将计划生育确定为夫妻双方的法定义务，它具有一定的强制性。

②实行计划生育必须破除重男轻女和只有男孩才能传宗接代的传统观念。

③它是夫妻双方共同的义务，而不是单方的义务。

四、夫妻财产关系

（一）我国现行的夫妻财产制

夫妻财产制是婚姻存续中有关夫妻婚前财产和婚后所得财产的所有权制度，包括财产的归属管理、使用、收益和处分、债务的清偿以及婚姻终止时对财产的分割等内容。

夫妻财产制的类型，有统一财产制、联合财产制、共同财产制、分别财产制。当代各国采用分别财产制和共同财产制的较为普遍。英美法系国家多采用分别财产制，大陆法系国家多采用共同财产制。

我国1980年婚姻法对夫妻财产制作了原则规定："夫妻在婚姻关系存续期间所得的财产，归夫妻共同所有，双方另有约定的除外。""夫妻对共同所有的财产，有平等的处理权。"随着经济的发展，夫妻财产关系日趋复杂，显然我国1980年婚姻法的规定，已过于简单。主要表现在：

第一，夫妻共同财产的范围过宽，并且没有规定夫妻特有财产的范围，不利于保护夫妻个人财产的所有权；

第二，夫妻婚前个人财产婚后可转化为夫妻共同财产，但这样有侵犯夫妻个人财产所有权之嫌，也违背所有权取得理论，使一些借婚姻敛财的人有了可乘之机；

第三，未设立夫妻财产管理制度，不利于保护夫妻财产权和第三人以及交易安全；

第四，未规定夫妻财产间的补偿请求权，不能公平地保护夫妻各方的合法权益。

2001年修订婚姻法时，立法部门从中国实际出发，借鉴国外有益的立法经验，听取各方面意见，将规范夫妻财产制作为修改婚姻法的重点，规定了夫妻共同财产制、夫妻特有财产制和夫妻约定财产制。

1. 夫妻共同财产制

夫妻共同财产制是指夫妻的全部或部分财产归双方共同所有，按共同共有原则行使权利，承担义务。共同财产制依其共同财产的构成范围不同，又可分为一般共有制和婚后所得共同制。一般共有制指夫妻结婚前后所得的财产，不论动产还是不动产，均归夫妻共同所有。婚后所得共同制指婚姻关系存续期间所得财产归夫妻共同所有。

从我国实际出发，考虑各方面的意见，借鉴国外的立法，修改后的婚姻法第十七条规定："夫妻在婚姻关系存续期间所得的下列财产，归夫妻共同所有：（一）工资、奖金；（二）生产、经营的收益；（三）知识产权的收益；（四）继承或赠与所得的财产，但遗嘱或赠与合同中确定只归夫或妻一方的财产除外；（五）其他应当归共同所有的财产。"根据《最高人民法院关于适用〈中华人民共和国婚姻法〉若干问题的解释（二）》第十二条的规定，"知识产权的收益"，是指婚姻关系存续期间，实际取得或者已经明确可以取得的财产性收益。

根据《最高人民法院关于适用〈中华人民共和国婚姻法〉若干问题的解释（二）》第十一条的规定，婚姻关系存续期间，下列财产属于婚姻法第十七条规定的"其他应当归共同所有的财产"：（一）一方以个人财产投资取得的收益；（二）男女双方实际取得或者应当取得的住房补贴、住房公积金；（三）男女双方实际取得或者应当取得的养老保险金、破产安置补偿费。根据《最高人民法院关于适用〈中华人民共和国婚姻法〉若干问题的解释（二）》第十四条的规定，人民法院审理离婚案件，涉及分割发放到军人名下的复员费、自主择业费等一次性费用的，以夫妻婚姻关系存续年限乘以年平均值，所得数额为夫妻共同财产。前款所称年平均值，是指将发放到军人名下的上述费用总额按具体年限均分得出的数额。其具体年限为人均寿命七十岁与军人入伍时实际年龄的差额。根据《最高人民法院关于适用〈中华人民共和国婚姻法〉若干问题的解释（三）》第五条的规定，夫妻一方个人财产在婚后产生的收益，除孳息和自然增值外，应认定为夫妻共同财产。

2. 夫妻特有财产制

夫妻特有财产制是法律专门规定归夫妻一方个人所有的财产制度。

我国婚姻法第十八条规定："有下列情形之一的，为夫妻一方的财产：（一）一方的婚前财产；（二）一方因身体受到伤害获得的医疗费、残疾人生活补助费等费用；（三）遗嘱或赠与合同中确定只归夫或妻一方的财产；（四）一方专用的生活用品；（五）其他应当归一方的财产。"根据《最高人民法院关于适用〈中华人民共和国婚姻法〉若干问题的解释（三）》第七条的规定，婚后由一方父母出资为子女购买的不动产，产权登记在出资人子女名下的，可按照婚姻法第十八条第（三）项的规定，视为只对自己子女一方的赠与，该不动产应认定为夫妻一方的个人财产。根据《最高人民法院关于适用〈中华人民共和国婚姻法〉若干问题的解释（二）》第十三条的规定，军人的伤亡保险金、伤残补助金、医药生活补助费属于个人财产。

3. 夫妻约定财产制

夫妻约定财产制是指夫妻以契约依法选择或创设的婚姻财产制。

我国婚姻法第十九条规定：夫妻可以约定婚姻关系存续期间所得的财产以及婚前财产归各自所有、共同所有或部分各自所有、部分共同所有。约定应当采用书面形式。没有约定或者约定不明确的，适用我国婚姻法第十七条、第十八条的规定。夫妻对婚姻关系存续期间所得的财产以及婚前财产的约定，对双方具有约束力。夫妻对婚姻关系存续期间所得的财产约定归各自所有的，夫或妻对外所负的债务，第三人知道该约定的，以夫或妻一方的财产清偿。

从以上条文可以看出我国约定财产制主要包括以下几项内容。

（1）夫妻财产的约定应当采用书面形式。

（2）约定的范围：将婚姻关系存续期间所得的财产约定为归共同所有、各自所有、部分共同所有、部分各自所有；将夫妻婚前个人财产约定为婚后共有、部分共有、部分个人所有；将婚姻关系存续期间个人特有财产约定为共有、部分共有、部分个人所有；将一方特有的财产约定为另一方所有，或部分为另一方所有。

（3）约定的时间：夫妻约定分别财产制的时间可以是婚前，也可以是婚后。

（4）夫妻对财产没有约定或约定不明确的，适用我国婚姻法关于共有财产制和特有财产制的规定。

（5）约定的效力：夫妻关于分别财产制的约定原则上只拘束夫妻双方，与第三人发生债务纠纷时，夫或妻不能以一方单独所负债务，由本人偿还作为抗辩理由，而应承担连带责任。但夫或妻在与第三人发生债的法律关系时，明确告知对方夫妻实行分别财产制，个人债务由个人偿还，并能证明第三人知道该约定的，非借债方可以拒绝第三人的偿债请求。

（二）夫妻有互相扶养的义务

扶养的概念有广义和狭义之分。广义的扶养是指亲属间相互供养的法律责任，并无不同身份、辈分的区别。狭义的扶养是指夫妻和兄弟姊妹等平辈间相互供养的法律责任。我国婚姻法中所称的扶养，专指夫妻在生活中相互供养的法律责任。其特点有：扶养发生在法定的近亲属之间；扶养是一种法律关系，扶养方是义务人，被扶养方是权利人；履行扶养义务是有条件的，以义务人有能力扶养和权利人有必要受扶养为限；扶养是当事人间对等的义务，而不是单方义务。

我国婚姻法第二十条规定，夫妻有互相扶养的义务。一方不履行扶养义务时，需要扶养的一方，有要求对方付给扶养费的权利。确立夫妻间扶养的权利和义务，对保障夫妻正常生活，保护婚姻关系的稳定，加强夫妻间在物质上帮助、生活上相互照料的责任，具有重要意义。

（三）夫妻有互相继承遗产的权利

我国婚姻法第二十四条规定，夫妻有相互继承遗产的权利。我国继承法作为调整继承关系的专门法律，在法定继承中对配偶继承权作了全面具体的规定。结合各相关法律规范的内容，对夫妻间的继承权应从以下几个方面加以理解。

（1）夫妻互为第一顺序法定继承人。

（2）夫妻相互继承遗产时，应对夫妻共同财产先进行分割，然后再继承，防止将夫妻共同财产作为遗产继承，侵犯生存一方的合法权益。

（3）夫妻间的继承权因结婚而发生，因离婚而消灭。

（4）对未进行结婚登记即以夫妻名义同居生活的男女双方当事人，在同居期间一方死亡，另一方要求继承死者遗产的，如认定为事实婚姻关系，可以配偶身份按继承法的有关规定处理；如果认定为非法同居关系，而又符合我国继承法第十四条规定的，可根据相互扶助的具体情况处理。

（5）夫妻登记结婚后尚未同居或同居时间很短时，配偶一方死亡的情况，应承认另一方享有继承权。

（6）1950年婚姻法颁布前，被继承人所纳之妾，如果多年来一直与被继承人共同生活，当被继承人死亡时，她与被继承人的妻子享有同等的遗产继承权。

第二节　父母子女关系

一、父母子女关系的概念和种类

父母子女关系即亲子关系，在法律上是指父母和子女之间的权利、义务关系。依据父母子女关系产生的原因，可将父母子女关系分为两类：一是自然血亲的父母子女关系，根据父母是否具有婚姻关系分为婚生的父母子女关系与非婚生的父母子女关系；二是拟制血亲的父母子女关系，包括养父母与养子女关系和形成抚养教育关系的继父母与继子女关系。

二、父母子女之间的权利和义务

（一）父母对子女有抚养和教育的义务

我国婚姻法第二十一条规定，父母对子女有抚养和教育的义务。父母不履行抚养义务时，未成年的或不能独立生活的子女，有要求父母付给抚养费的权利。

抚养是指父母从物质上、经济上对子女的养育和照料，如给付子女生活费、教育费，在生活上照管子女等。教育是指父母在思想品德上对子女的关怀和培养。

父母对未成年子女的抚养是无条件的，对成年子女的抚养则是有条件的、有期限的。在一般情况下，父母对子女的抚养是到18周岁为止。但对于不能独立生活的子女，父母仍应负担必要的抚育费。这里所说的"不能独立生活的子女"是指尚在校接受高中及其以下学历教育，或者丧失或未完全丧失劳动能力等非因主观原因而无法维持正常生活的成年子女。

父母不履行抚养义务时，未成年的或不能独立生活的子女，有要求父母给付抚养费的权利。抚养费包括子女生活费、教育费、医疗费等费用。追索抚养费的要求，可向父母所在单位或有关部门提出，也可向人民法院提出。

（二）父母对未成年子女有保护和教育的权利和义务

我国婚姻法第二十三条规定，父母有保护和教育未成年子女的权利和义务。在未成年子女对国家、集体或他人造成损害时，父母有承担民事责任的义务。保护是指父母防范和排除来自自然界或社会对未成年子女人身或财产权益的非法侵害，使未成年子女的身心处于安全状态。教育是指父母按照法律和道德规范的要求采用适当的方法对未成年子女进行教育。父母对未成年子女的保护和教育既是权利又是义务，是一项权利和义务复合规范。

在未成年子女对国家、集体或他人造成损害时，父母有承担民事责任的义务。这里的民事责任包括财产责任和非财产责任。当未成年子女对国家、集体或他人造成财产损失时，父母应当赔偿经济损失；未成年子女的行为虽然致人损害，但没有造成经济损失的，父母也应承担停止侵害、排除妨碍、赔礼道歉等民事责任。未成年人造成他人损害的，由其父母承担民事责任；父母尽了监护责任的，可以适当减轻其民事责任。有财产的未成年人造成他人损害的，从本人财产中支付赔偿费用，不足部分由其父母负责赔偿。

夫妻离婚后，未成年子女侵害他人权益的，同该子女共同生活的一方应当承担民事责任，如果独立承担民事责任确有困难的，可以责令未与该子女共同生活的一方共同承担民事责任；侵权行为发生时行为人不满18周岁，在诉讼时已满18周岁，并有经济能力的，应当承担民事责任；行为人没有经济能力的，应当由其父母承担民事责任。没有经济收入的年满18周岁的行为人致人损害时，可由抚养人垫付；抚养人不予垫付的，应判决或调解由行为人延期给付。

（三）子女对父母有赡养扶助的义务

我国婚姻法第二十一条规定，子女对父母有赡养扶助的义务。子女不履行赡养义务时，无劳动能力的或生活困难的父母，有要求子女付给赡养费的权利。赡养是指子女在物质上、经济上为父母提供必要的生活费用和条件。扶助是指子女给予父母精神上的安慰和生活上的照料，如尊重老人、患病陪床、煎药等。

赡养人是指老年人的子女以及其他依法负有赡养义务的人。赡养人的配偶应当协助赡养人履行赡养义务。赡养人应当履行对老年人经济上供养、生活上照料和精神上慰藉的义务，照顾老年人的特殊需要。根据《中华人民共和国老年人权益保障法》的规定，赡养人应从以下几个方面履行赡养义务。

①赡养人应当使患病的老年人及时得到治疗和护理，对经济困难的老年人，应当提供医疗费用。对生活不能自理的老年人，赡养人应当承担照料责任，不能亲自照料的，可以按照老年人的意愿委托他人或者养老机构等照料。

②赡养人应当妥善安排老年人的住房，不得强迫老年人居住或者迁居条件低劣的房屋。老年人自有的或者承租的住房，子女或者其他亲属不得侵占，不得擅自改变产权关系或者租赁关系。老年人自有的住房，赡养人有维修的义务。

③赡养人有义务耕种或者委托他人耕种老年人承包的田地，照管或者委托他人照管老年人的林木和牲畜等，收益归老年人所有。

④家庭成员应当关心老年人的精神需求，不得忽视、冷落老年人。与老年人分开居住的家庭成员，应当经常看望或者问候老年人。

赡养人不得以放弃继承权或者其他理由，拒绝履行赡养义务。赡养人不履行赡养义务，老年人有要求赡养人付给赡养费等权利。赡养人不得要求老年人承担力不能及的劳动。子女不履行赡养义务时，无劳动能力的或者生活困难的父母，有要求子女付给赡养费的权利。追索赡养费的要求，可向子女所在单位或有关部门提出，也可向人民法院提出。

为了保障赡养人更好地履行赡养义务，《中华人民共和国老年人权益保障法》规定，用人单位应当按照国家有关规定保障赡养人探亲休假的权利。

（四）父母子女有相互继承遗产的权利

我国婚姻法第二十四条规定，父母和子女有相互继承遗产的权利。父母和子女之间的相互继承权，是以双方之间的身份为依据的。父母和子女是最近的直系血亲，决定了他们之间的继承权。根据我国继承法的规定，父母、子女都是第一顺序的继承人。这里享有继承权的父母，包括生父母、养父母和有抚养关系的继父母；子女包括婚生子女、非婚生子女、养子女和有抚养关系的继子女。

三、非婚生子女

（一）非婚生子女概念及法律地位

非婚生子女是指没有婚姻关系的男女所生的子女。

我国婚姻法第二十五条规定，非婚生子女享有与婚生子女同等的权利，任何人不得加以危害和歧视。不直接抚养非婚生子女的生父或生母，应当负担子女的生活费和教育费，直至子女能独立生活为止。据此，在我国，非婚生子女与婚生子女的法律地位是完全相同的，法律有关父母子女间的权利和义务，同样适用于父母与非婚生子女。

（二）各国亲属法关于非婚生子女准正和认领的规定

1. 非婚生子女的准正

非婚生子女的准正是指已出生的非婚生子女因生父母结婚或司法宣告而取得婚生子女资格的制度。准正制度始于罗马法，现代各国普遍设立了非婚生子女的准正制度。

（1）非婚生子女准正的条件。根据外国立法，准正须具备一定的条件：须有血统上的非婚生父母子女关系；须有生父母的婚姻或司法宣告；准正为法律事件，非法律行为。

（2）非婚生子女准正的形式。准正有两种形式，一种是因生父母结婚而准正。这种准正形式又有两种情况，一是仅以生父母的结婚为准正的要件，如英国 1926 年的《准正法》；二是以生父母结婚和认领为准正的双重要件，如《法国民法典》。另一种是因司法宣告而准正，是指男女订立婚约后，因一方死亡或者婚姻障碍使婚姻准正不能实现时，可依婚约一方当事人或子女的请求，由法官宣告子女为婚生子女。

我国婚姻法对非婚生子女的准正未作出规定，但是在司法实践中，生父母在子女出生后补办结婚登记的，该子女可视同于婚生子女。

（3）非婚生子女准正的效力。两种准正均使非婚生子女取得婚生子女资格。

2. 非婚生子女的认领

非婚生子女的认领是指通过法定程序使非婚生子女实现婚生化的法律行为。认领是在非婚生子女无法准正的情况下发生的，是准正的补救措施。非婚生子女认领的特征：①认领须有生父承认自己为非婚生子女生父的单独的意思表示；②认领的权利，有形成权的性质，一般不严格受请求时效和起诉期间的限制；③认领人和被认领人之间的关系，以生理上的父子血缘联系为前提。

非婚生子女认领的形式有两种：任意认领和强制认领。任意认领是指生父承认自己为该非婚生子女的生父，并自愿对其承担抚养义务的法律行为；强制认领是指当非婚生子女的生父不自动认领时，有关当事人得诉诸法院予以强制认领的制度。

任意认领与强制认领所产生的效力基本相同，都使非婚生子女取得婚生子女的身份与资格，享有婚生子女的权利与义务。

我国现行婚姻法未确定对非婚生子女生父强制认领的制度，但在审判实践中是受理此类案件的。

四、继子女

（一）继子女的概念和法律地位

所谓继子女，通常是指配偶一方对他方与前配偶所生的子女，称为继子女。所谓继父母，指子女对母亲或父亲的后婚配偶称继父或继母。

我国婚姻法第二十七条规定，继父母与继子女之间，不得虐待或歧视。继父或继母和受其抚养教育的继子女间的权利和义务，适用本法对父母子女关系的有关规定。由此可见，我国继子女的法律地位如下：一是有抚养教育义务关系的继父母继子女间才发生父母子女的权利和义务关系，无抚养教育关系的继父母继子女间不发生这种权利和义务关系；二是有抚养教育关系的继父母继子女间的权利和义务与父母和亲生子女间的权利和义务相同；三是有抚养教育关系的继父母继子女为拟制血亲，无抚养教育关系的继父母继子女仅为姻亲。

（二）继父母子女关系的类型

继父母子女关系的类型有三种。

（1）名分型。继父母与继子女之间没有形成抚养关系，仅为纯粹的直系姻亲关系，此类继子女与继父母之间无权利义务关系。

（2）共同生活型。继父母与继子女之间形成抚养关系，他们之间是法律上的拟制血亲关系，此类继子女与生父母、继父母之间形成双重权利和义务关系。

（3）收养型。继父母收养继子女，他们之间形成养父母与养子女之间的权利和义务关系。

五、人工授精所生子女

（一）人工授精所生子女的概念和种类

人工授精所生子女是指利用人工生育技术受胎而出生的子女。人工授精是指不用于人类传统基于两性性爱的自然生产过程，而是根据生物遗传工程理论，采用人工方法取出精子或卵子，然后用人工方法将精子或受精卵胚胎注入妇女子宫内，使其受孕的一种新生殖技术。

施用人工授精技术，有体内和体外、同质与异质之分。

人工生殖就其供给而言，一般可分为两种情况，一是同质人工授精，即使用丈夫的精液或妻子的卵子进行人工授精，简称 AIH；另一种是异质人工授精，即使用第三人的精液或卵子进行人工授精，简称 AID。

此外，人工生育还涉及"代孕"问题。代孕，即因妻子子宫有障碍而无法使受精卵在其子宫着床，而借用第三人的子宫孕育并分娩子女。

（二）人工授精所生子女的法律地位

一般来讲，采用同质人工授精方式而出生的子女，与父母有血统关系，属于直系血亲并为婚生子女，夫妻双方均不得向法院提出否认亲子之诉，除非有充分证据证明医生误用了第三者的精子或卵子。

而对于异质人工授精子女的法律身份的确认，则涉及较复杂的问题。

目前，我国婚姻法对人工授精的子女的法律地位问题，没有作出明确规定。

最高人民法院在《关于夫妻关系存续期间以人工授精所生子女的法律地位的复函》中指出："在夫妻关系存续期间，双方一致同意进行人工授精，所生子女应视为夫妻双方的婚生子女，父母子女之间的权利义务关系适用婚姻法的有关规定。"这是依据我国民法通则中诚实信用原则和婚姻法保护子女权益的原则而制定的。

第三节　祖孙关系、兄弟姐妹关系

一、祖孙关系

我国婚姻法第二十八条规定，有负担能力的祖父母、外祖父母，对于父母已经死亡或父母无力抚养的未成年的孙子女、外孙子女，有抚养的义务。有负担能力的孙子女、外孙子女，对于子女已经死亡或子女无力赡养的祖父母、外祖父母，有赡养的义务。

1984 年《最高人民法院关于贯彻执行民事政策法律若干问题的意见》第二十四条、第二十五条对我国婚姻法第二十八条作了扩大解释：有负担能力的祖父母、外祖父母，对于父母一方死亡、另一方确无能力抚养或父母均丧失抚养能力的未成年的孙子女、外孙子女有抚养的义务。有负担能力的孙子女、外孙子女，对子女已经死亡或子女确无能力赡养的祖父母、外祖父母，有赡养的义务。

由此可知，祖孙之间的抚养、赡养义务是有条件的。

（一）祖（外）父母抚养孙（外）子女的条件

（1）抚养人有负担能力。

（2）被抚养人的父母已经死亡或一方死亡，另一方确无能力抚养，或者父母均丧失抚养能力。

（3）被抚养人必须为未成年人。

（二）（外）孙子女赡养（外）祖父母需具备的条件

（1）赡养人为有负担能力的成年人。

（2）被赡养人的子女已经死亡或子女确无力赡养。

（3）被赡养人必须是需要赡养的人。

二、兄弟姐妹关系

我国婚姻法第二十九条规定，有负担能力的兄、姐，对于父母已经死亡或父母无力抚养的未成年弟、妹，有扶养的义务。由兄、姐扶养长大的有负担能力的弟、妹，对于缺乏劳动能力又缺乏生活来源的兄、姐，有扶养的义务。

由此可知，兄、姐与弟、妹之间的扶养义务是有条件的。

（一）兄、姐扶养弟、妹需具备的条件

（1）扶养人有负担能力。

（2）他们的父母已经死亡或虽没有死亡但没有能力承担和履行抚养义务。

（3）被扶养人必须是未成年人或没有独立生活能力。

（二）弟、妹扶养兄、姐需具备的条件

（1）扶养人是由兄、姐扶养长大且有负担能力。

（2）被扶养人丧失劳动能力。

（3）被扶养人孤老无依。

复习思考题：

1. 夫妻财产制的概念。
2. 夫妻之间有哪些权利和义务？
3. 如何理解我国现行夫妻财产制？
4. 父母子女间有哪些权利和义务？
5. 非婚生子女的法律地位如何？
6. 如何理解继子女的法律地位？

案例 1

张立 2 岁时，其生父因犯贪污罪被判处无期徒刑，一直未对张立尽抚养教育义务。张立 3 岁时，其母与生父离婚并与他人结婚，继父抚养教育张立至其能够独立生活。2016 年张立生父减刑出狱后，无生活来源，继父长年病瘫在床，母亲从事家务无收入，三人均要求张立赡养。

问：张立对三位老人是否有赡养义务？请依据法律条款阐述理由。

案例 2

2000 年，张平 7 岁时被李庆多、王秀芝夫妇收养改名李强。2004 年李庆多与王秀芝生一子取名李刚。李庆多、王秀芝对李强、李刚均特别疼爱。全家四口互相体贴，关系和睦。2014 年李强得知张立祥是自己的生父后，与李庆多夫妇关系疏远。2016 年在一次自然灾害中，王秀芝死亡，李庆多致残，其收入仅能勉强维持个人生活，无力抚养子女。当时张立祥生活困难，李刚正在读书，李强经营皮革生意，收入较多。张立祥要求李强赡养，李刚要求李强扶养，均遭到李强拒绝。

请解析：李强对张立祥有无赡养义务？张立祥对李刚有无抚养义务？

第七章 收养制度

收养制度是亲属制度的组成部分。养父母与养子女间的权利和义务关系、养子女与养父母的近亲属间的权利和义务关系是家庭关系的重要内容。我国 1950 年婚姻法第十三条规定了养父母与养子女相互间的关系适用父母子女关系。我国现行婚姻法第二十六条，进一步对养子女的法律地位及养子女和养父母、生父母的法律关系作了明确规定。1991 年 12 月 29 日《中华人民共和国收养法（修正）》公布，自 1992 年 4 月 1 日起实施，从此，我国有了专门的法律作为调整收养关系的准则。1998 年 11 月 4 日第九届全国人大常委会通过了《关于修改〈中华人民共和国收养法〉的决定》，自 1999 年 4 月 1 日起实施。

第一节 收养制度概述

一、收养的概念

收养是指公民依照法律规定的条件和程序，将他人的子女作为自己的子女领养，从而使原无父母子女关系的当事人产生法律拟制的父母子女关系的民事法律行为。因该种行为而成立的法律关系称收养关系。在这种关系中，收养人为养父母，被收养人为养子女。

二、收养的法律特征

（一）收养的条件和程序由法律加以规定

在现代社会中，收养被纳入了法律调整的范畴。这是因为，收养不仅关系着收养人、被收养人和送养人的切身利益，而且还涉及社会的整体利益。因此，各国法律都要求，收养关系的成立必须符合法定条件和法定程序。不符合法定条件和程序进行收养的，法律不承认该行为发生收养的效力。

（二）收养属于民事法律行为

公民依照民事法律规范进行收养行为，从而在收养人和被收养人之间确立与父母子女关系等同的民事权利和义务关系，该行为在性质上应属于民事法律行为。这是收养行为与国家设立的社会福利机构对孤儿、遗弃儿的收容和抚育行为的本质区别。首先，社会福利机构对孤儿、遗弃儿的收容和抚育是国家采取的一种社会救济措施，而收养行为是一种民事法律行为；其次，对孤儿、遗弃儿的收容和抚育是由社会福利机构自行决定的，而收养是由有关当事人协议而成立的；最后，社会福利机构与被收容和抚育的孤儿、遗弃儿之间并不发生父母子女间的权利和义务关系，而收养行为成立后收养人与被收养人之间发生父母子女的权利和义务关系。

（三）收养行为导致亲属身份和权利义务关系的变更

收养关系一经成立，一方面使收养人与被收养人之间具有了法律拟制的父母子女身份，进而产生了等同于生父母与生子女间的权利和义务；另一方面，又使被收养人同生父母之间原有的权利和义务关系消除。这是收养行为同寄养行为的根本区别。寄养是指父母在某种特殊情况下不能直接抚养子女时，委托他人代为抚养子女的行为。在寄养关系中，被寄养的儿童与受托人之间并不发生父母子女身份及父母子女的权利和义务。

（四）收养只能发生在非直系血亲之间

法律上设立收养制度的目的，是使原本没有父母子女关系的当事人发生法律拟制的父母子女关系，由此决定了收养只能发生在非直系血亲之间。如果允许在具有直系血亲关系的亲属之间成立以父母子女的权利和义务为内容的收养关系，则必然会使亲属身份发生重叠，甚至发生相互排斥和冲突。

三、我国收养制度的沿革

（一）我国古代封建社会的收养制度

在我国古代封建社会里，家庭关系实行的是宗法制度。在这种制度下，收养可分为两类。一类是立嗣。男子无子，可立同宗辈分相当的人为嗣子。立嗣又称过继，是我国封建宗法社会里的一种主要的和特殊的收养形式。其特殊性表现在：一是立嗣的目的是继承宗祧，因此只有男子无子才能立嗣，或者说，只要男子没有儿子就要立嗣；二是只能立同宗辈分相当的男性成员为嗣子；三是可以"兼祧"，可以"继绝"。所谓"兼祧"，按清律规定，如果被立为嗣子的人是独子，又排在立嗣顺序的前面，只要两家同意，经族人证明认可，可以同时作为两家的继承人。所谓"继绝"是指无子的男子生前未立嗣的，死后可由其妻或其父母等长辈代其立嗣。另一类为养子女。中国早期的封建法律严禁收养异姓男子。唐律规定：遗弃小儿年三岁以下虽异姓听收养即从其姓。至于收养异姓女子，法律不予禁止。这种一般的收养关系，在收养人与被收养人之间，虽也产生拟制血亲关系，但这种养子不得立为嗣子，不得继承宗祧，其地位远较嗣子低。

中国立嗣制度经历漫长的封建社会，一直延续到中华人民共和国成立前，其在人们的思想意识中的影响十分深远。

（二）中华民国政府民法规定的收养制度

中华民国政府在1930年公布1931年施行的民法亲属篇中，有收养制度的规定，其主要内容如下。

1. 收养条件

（1）收养人年龄应大于被收养人20岁以上。

（2）有配偶的人收养子女应与其配偶共同收养。

（3）同一被收养人除为一对夫妻共同收养外，不得同时为二人之养子女。

（4）被收养人有配偶的，应取得其配偶同意。

2. 收养方式

收养子女应具有书面的收养协议，但自幼抚养为子女者不在此列。

3. 收养效力

养子女与养父母的关系，除法律另有规定外，与婚生子女同；养子女从收养人的姓。

4. 收养终止

收养关系可由双方同意以书面协议终止；因养父母或养子女一方对于他方进行了虐待或重大侮辱、恶意遗弃，或者养子女被处二年以上徒刑、养子女有浪费财产的事实、养子女生死不明已逾三年及其他重大事由等条件之一的，法院可由他方之请求而宣告终止其收养关系。收养关系经法院判决终止的，无过失的一方因而陷于生活困难的，得请求他方给予相当之金额；养子女自收养关系终止时起，恢复其本姓，并恢复其与生父母之关系，但第三人已取得之权利不因此而受影响。

民国政府的民法虽未规定立嗣制度，但实质上并没有予以否认。

（三）中华人民共和国的收养制度

中华人民共和国的收养制度随着中国社会政治制度和经济制度的变化而变化。在这一变化过程中，我国收养制度经历以下几个阶段。

1. 中华人民共和国成立初期（1950—1979 年）

我国 1950 年婚姻法虽承认和保护合法的收养关系，但对收养关系的成立、收养的程序、法律效力和收养关系的解除等问题缺乏具体的规定。综合中华人民共和国成立初期最高人民法院在收养、亲属、继承等有关问题的批复中，关于收养关系的有关规定可概括为以下几点。

（1）废除封建宗法的立嗣制度。

（2）收养应由收养一方与送养一方（被收养人的生父母或对被收养人有监护权的人）根据自愿原则订立收养契约。

（3）收养契约，无论书面或口头订立皆可。只要确能证明，均属有效。

（4）养子女参加了另一个家庭，与生父母在财产关系上的权利和义务应当清楚分开。

（5）收养关系一经成立，不能任意单方取消，即使没有正当理由亦应经双方同意协议解除，或经过法院判决。

2. 1979 年 2 月 2 日最高人民法院《关于贯彻执行民事政策法律的意见》中对收养问题的规定

（1）明确了收养的条件和程序。收养子女，必须经过生父母或监护人和养父母的同意，子女有识别能力的，经取得子女同意，再经有关部门办理收养手续，进行户籍登记后始能成立。

（2）规定了养父母或生父母中途反悔的处理原则。收养关系成立后，一方反悔发生纠纷的，人民法院应进行调解，调解不成，根据养子女与养父母、生父母的实际关系，养子女的意见，按照归谁抚养对养子女有利的原则判决。

（3）规定了补偿抚养费问题的处理原则。生父母反悔的，可根据养父母抚养养子女的实际抚养费用、生父母的经济能力、当地一般生活水平，酌情由生父母补偿。养父母反悔的，是否补偿抚养费，根据实际情况适当处理。

（4）规定了养父母和成年养子女解除收养关系的处理原则。养子女成年后，与养父母关系恶化，一方提出解除收养关系的，经法院调解不成，双方关系确已破裂，再继续下去对养父母的晚年生活或养子女的前途确实不利的，可判决准予解除。这种收养关系解除后，养父母年老又无生活来源的，由养子女给付一定的生活费，也可判养子女给付长期的生活费。养子女生活有困难的，可根据实际情况适当处理。

3. 1980 年婚姻法对收养关系的规定

1980 年 9 月 10 日党的第五届全国人民代表大会第三次会议通过了《中华人民共和国婚姻法》，其第二十条规定，国家保护合法的收养关系。养父母和养子女间的权利和义务关系，适用本法对父母子女关系的有关规定。养子女和生父母间的权利和义务，因收养关系的成立而消除。

4. 1984 年最高人民法院《关于贯彻执行民事政策法律若干问题的意见》中关于收养问题的规定

1984 年，最高人民法院根据我国 1980 年婚姻法第二十条的规定和总结审判实践新的经验，对 1979 年最高人民法院《关于贯彻执行民事政策法律若干问题的意见》中关于收养问题的规定进行修改，并增加了下述新内容。

（1）关于收养关系成立的。

生父或生母送养时，另一方明知而不表示反对的，应视为同意。

养父母中有一方在收养时虽未明确表示同意，但在收养后的长期共同生活中，已形成了事实上的收养关系的，应予承认。夫或妻一方收养的子女，另一方始终不能同意的，只承认与收养一方的收养关系有效。

亲友、群众公认，或有关组织证明以养父母与养子女关系长期共同生活的，虽未办理合法手续，也应按收养关系对待。

收养人收养他人为孙子女，确已形成养祖父母与养孙子女关系的，应予承认。解决收养纠纷或有关权益纠纷时，可依照婚姻法关于养父母与养子女的有关规定，合情合理地处理。

（2）关于解除收养关系的。

由于养父母不尽抚养责任，影响子女健康成长，生父母要求解除收养关系的，应予解除。

（3）关于解除收养后的法律后果。

生父母要求解除收养关系的，养父母可要求补偿收养期间养子女的生活费和教育费；养父母要求解除收养关系的，一般不予补偿。

收养关系解除后，未成年的被收养人同其生父母之间的权利和义务关系即行恢复；已经成年并已独立生活的被收养人，同其生父母之间的权利和义务的恢复，则须以书面形式取得双方一致同意。

5. 地方性法规中关于收养条件的规定

我国宪法第二十五条规定："国家推行计划生育，使人口的增长同经济和社会发展计划相适应。"20 世纪 80 年代后期，不少省、自治区、直辖市都先后制定了地方性的计划生育条例，都从推行计划生育的角度来制订收养条件。

6.《中华人民共和国收养法》公布施行

1991 年 12 月 29 日第七届全国人民代表大会常务委员会第二十三次会议通过了《中华人民共和国收养法》，中华人民共和国主席第五十四号令公布，自 1992 年 4 月 1 日起施行。至此，我国的收养制度以法律的形式固定下来。1998 年 11 月 4 日第九届全国人民代表大会常委会第五次会议通过了《关于修改〈中华人民共和国收养法〉的决定》，自 1999 年 4 月 1 日起施行。

第二节　收养法的基本原则

我国收养法第二条和第三条明确规定，收养应当有利于被收养的未成年人的抚养、成长，保障被收养人和收养人的合法权益，遵循平等自愿的原则，并不得违背社会公德。收养不得违背计划生育的法律、法规。这些原则性规定，体现了我国收养法的指导思想，是立法和执法的基本依据。

一、有利于未成年人的抚养和成长的原则

保障未成年人的健康成长是实行收养制度的首要目的。由于未成年人的身心发育尚不成熟，缺乏独立的生活能力和辨认自己行为的社会后果的能力，属于无民事行为能力人或限制民事行为能力人，他们需要家庭和社会的悉心抚养、关怀爱护、培养教育和监督保护。尤其是对那些丧失父母的孤儿、查找不到生父母的弃婴和儿童以及生父母有特殊困难而无力抚养的未成年人，通过收养，他们可以在温暖的家庭中生活，得到养父母的抚养教育，健康成长。我国收养法中有关收养条件特别是被收养人的条件和收养人的能力的规定，以及有关解除收养关系的某些规定等，都是以这一原则为依据的。

二、保障被收养人和收养人合法权益的原则

收养关系涉及收养人和被收养人双方的利益，因此，我国收养法必须同时保障被收养人和收养人双方合法权益的平等实现。我国收养法中的各种具体制度，如收养的成立、收养的效力、收养的解除，以及违反收养法的法律责任等都反映了这一原则的要求。收养是对常态的亲子关系的必要补充，在立法上应当兼顾养父母和养子女双方的权益。

三、平等自愿的原则

民事法律关系的基本准则之一是当事人在民事活动中地位平等，自由表达其真实意思，即平等自愿原则。收养关系属于民事法律关系的范畴，收养关系也必须遵循平等自

愿原则。我国收养法中关于成立收养关系须经当事人各方同意的规定，有配偶者共同送养、共同收养的规定，以及关于协议解除收养的规定等都是以这一原则为依据的。

四、不得违背社会公德的原则

因为收养行为不仅关系着当事人的切身权益，而且还直接涉及社会公共利益，所以，有必要从维护社会公德的立场，对收养子女的行为加以必要的约束，其目的在于保护公序良俗。我国收养法中有关无配偶的男性收养女性须有法定年龄差的规定，以虐待、遗弃为解除收养关系的法定理由的规定等，这些都是以这一原则为依据的。

五、不得违背计划生育的法律和法规的原则

计划生育是我国的基本国策，推行计划生育有利于我国社会的可持续发展，对促进国家的繁荣富强、提高人民的物质和文化生活水平都具有十分重要的意义。这一国策已被明确载入我国宪法、婚姻法等法律，成为重要的法律原则。我国收养法同样必须贯彻计划生育原则；该法中有关不得以送养为理由违反计划生育政策的规定，有关无子女者始得收养一名子女的规定，年满三十周岁始得为收养人的规定，都是以这一原则为依据的。

第三节　收养关系成立的条件

一、收养关系成立的实质要件

（一）一般收养关系成立的要件

收养是涉及收养人、送养人和被收养人的民事法律行为，按照我国收养法的规定，在一般情况下，收养人、送养人、被收养人作为收养民事法律行为的主体，各自应依法具备一定的条件。

1. 被收养人的条件

依照我国收养法第四条规定，被收养人应当符合下述条件。

（1）不满十四周岁的未成年人。

（2）丧失父母的孤儿，或是查找不到生父母的弃婴和儿童，或是生父母有特殊困难无力抚养的子女。

2. 收养人应具备的条件

根据我国收养法第六条、第八条第1款和第十条第2款的规定，我国收养法对收养人应具备的条件，按收养人有无配偶等情况分别规定了不同条件。对于有配偶的人，一般要求如下。

（1）夫妻双方必须共同收养。一方不同意或未作同意的意思表示的，另一方不得单独收养子女。

（2）无子女。

（3）年满三十周岁。

（4）有抚养教育被收养人的能力。

（5）未患有在医学上认为不应当收养子女的疾病。

（6）只能收养一名子女。

3. 送养人应具备的条件

依照我国收养法第五条的规定，孤儿的监护人、社会福利机构和有特殊困难无力抚养子女的生父母，可以作送养人。按照我国收养法的有关规定，对这三类送养人应具备的条件，阐述如下。

（1）孤儿的监护人。

我国收养法第十三条规定，监护人送养未成年孤儿的，须征得有抚养义务的人同意。有抚养义务的人不同意送养、监护人不愿意继续履行监护职责的，应当按照《中华人民共和国民法通则》的规定变更监护人。这是对孤儿的监护人作为送养人的限制性规定。按照《中华人民共和国民法通则》第二十七条第二款的规定，未成年人的父母已经死亡或者没有监护能力的，由下列有监护能力的人按顺序担任监护人：①祖父母、外祖父母；②兄、姐；③其他愿意担任监护人的个人或者组织，但是须经未成年人住所地的居民委员会、村民委员会或者民政部门同意。

我国收养法第十七条规定，孤儿或者生父母无力抚养的子女，可以由生父母的亲属、朋友抚养。这是对孤儿的监护人作为收养人的又一限制性规定。在这种情况下，抚养人与被抚养人的关系，我国收养法规定"不适用收养关系"。

（2）社会福利机构。

被遗弃的婴儿、儿童和孤儿，在暂时无法查明其生父母或监护人时，按照《中华人民共和国未成年人保护法》第四十三条的规定，由民政部门设立的儿童福利机构收留抚养。因此，收养人自愿收养这些查找不到生父母的弃婴、儿童或查找不到监护人的孤儿的，应当由收容抚养这些弃婴、儿童和孤儿的社会福利机构作为送养人。

（3）有特殊困难无力抚养子女的生父母。

依照我国收养法的规定，有特殊困难无力抚养子女的生父母送养子女时，须双方共同送养。在生父母离婚的情况下，抚养子女的一方送养子女须经另一方同意。但也有下述例外：在生父母一方不明或者查找不到的情况下，另一方可以单方送养。生父母一方死亡的，生存的另一方可以单方送养。

（二）特殊收养关系成立的要件

我国收养法针对某些特殊收养关系，作了适当放宽收养条件的规定。这里所说的特殊主要与收养关系主体的身份状况有关，依照我国收养法规定，有以下几种情况。

1. 无配偶者收养子女

无配偶者是指因未婚、离婚或丧偶而无配偶的人。我国收养法在第九条规定，无配偶的男性收养女性的，收养人与被收养人的年龄应当相差四十周岁以上。对于无配偶的男性收养男性子女，无配偶的女性收养男性或女性子女的，我国收养法未作专门规定。

2. 收养三代以内同辈旁系血亲的子女

我国收养法第七条规定，收养三代以内的同辈旁系血亲的子女，可以不受本法第四条第三项、第五条第三项、第九条和被收养人不满十四周岁的限制。华侨收养三代以内同辈旁系血亲的子女，还可以不受收养人无子女的限制。

3. 收养孤儿或者残疾儿童

我国收养法第八条第 2 款规定，收养孤儿、残疾儿童或者社会福利机构抚养的查找不到生父母的弃婴和儿童，可以不受收养人无子女和收养一名的限制。

4. 收养继子女

我国收养法第十四条规定，继父或者继母经继子女的生父母同意，可以收养继子女，并可以不受本法第四条第三项、第五条第三项、第六条和被收养人不满十四周岁以及收养一名的限制。

二、收养关系成立的程序

（一）依法订立书面的收养协议

收养人收养与送养人送养，双方须在自愿同意的基础上，依照我国收养法规定的收养、送养条件订立书面的收养协议。此项协议订立时，收养人、被收养人双方必须不违反《中华人民共和国民法总则》第一百四十三条规定的民事法律行为应当具备的条件，即行为人具有相应的民事行为能力；意思表示真实；不违反法律、行政法规的强制性规定，不违背公序良俗。违反上述规定订立的收养协议无法律效力。

（二）办理收养公证

依照我国收养法第十五条第四款规定，收养关系当事人各方或者一方要求办理收养公证的，应当办理收养公证。办理收养公证不是成立收养关系的必经程序。是否办理收养公证，完全取决于当事人的意愿。

（三）办理收养登记

我国收养法第十五条第一款规定，收养应当向县级以上人民政府民政部门登记。收养关系自登记之日起成立。收养法第十五条第二款规定，收养查找不到生父母的弃婴和儿童的，办理登记的民政部门应当在登记前予以公告。办理收养登记的法定机关，是县级以上人民政府的民政部门。按照被收养人情况的不同，又可分为：①收养查找不到生父母的弃婴和儿童，在弃婴和儿童发现地收养登记机关办理收养登记；②收养社会福利机构抚养的孤儿，在社会福利机构所在地收养登记机关办理收养登记。

办理收养登记的具体程序可分为申请、审查和登记三个步骤。

1. 申请

（1）为保证收养当事人的意思表示的真实性，办理收养登记时，当事人必须亲自到场。首先，夫妻共同收养子女者，一方如果不能亲自到收养登记机关的，须出具其作出并经过公证的委托收养书。如果不能到场的一方是华侨，委托收养书还须经其居住国外交机关或者外交机关授权的机构认证和中华人民共和国驻该国使领馆认证。其次，送养人为公民的，须送养人亲自到收养登记机关办理收养登记；送养人为社会福利机构的，须由其负责人或委托代理人到收养登记机关办理收养登记。最后，被收养人是年满 10 周岁以上的未成年人的，亦须亲自到收养登记机关。

（2）申请收养登记时，收养人应当向收养登记机关提交收养申请书。收养申请书应包括如下内容：第一，收养人情况；第二，送养人情况；第三，被收养人情况；第四，收养的目的；第五，收养人作出的不虐待、不遗弃被收养人和抚育被收养人健康成长的保证。

（3）申请办理收养登记时，根据收养人和被收养人的不同情况，收养人应当提供以下相应的证明材料。第一，内地公民作为收养人的，应当提供居民身份证和户籍证明；申请人所在单位出具的或村民委员会、居民委员会出具的加盖乡（镇）人民政府或街道办事处公章的本人年龄、婚姻、家庭成员、有无抚养教育被收养人的能力等情况的有效证明。第二，港澳同胞作为收养人的须提供港澳居民身份证；港澳同胞回乡证；经国家司法行政主管机关委托的港澳地区公证律师出具的本人年龄、婚姻、家庭成员、职业、财产、健康状况的证明。第三，台湾居民作为收养人的须提供在台湾居住的有效身份证明；国家主管机关签发的或者签注的在有效期内的旅行证件；经公证的本人年龄、婚姻、家庭成员、职业、财产、健康等状况的证明。第四，华侨作为收养人的须提供：中华人民共和国护照或代替护照的证件；经居住国公证机关或公证人公证并经该国外交机关或者外交机关授权的机构认证和中华人民共和国驻该国使领馆认证的年龄、婚姻、家庭成员、职业、财产、健康等状况的证明；符合其居住国收养法律规定的证明。来自同中华人民共和国未建立外交关系国家的华侨申请办理收养登记的，必须持有其居住国对前述证明的公证书，并须先经该国外交机关或者外交机关授权的机构认证，然后再办理与中华人民共和国有外交关系国家驻该国使领馆的认证。第五，收养人申请收养社会福利机构抚养的孤儿的，必须提供该社会福利机构出具的同意送养的证明。第六，收养人申请收养弃婴的，必须提供主管部门出具的查找不到生父母的证明。第七，收养人申请收养有残疾的儿童，还须提供县级医疗单位或该儿童所在社会福利机构出具的残疾状况的证明。

2. 审查

收养登记机关接受当事人提出的收养申请后，应当依法对收养申请进行严格审查。审查的主要内容包括：第一，收养申请人是否符合法律所规定的收养人条件以及其收养的目的是否正当；第二，被收养人是否符合法律所规定的被收养人条件；第三，送养人是否符合法律所规定的送养人条件；第四，当事人成立收养关系的意思表示是否真实。

3. 登记

经过审查后，申请人证件齐全有效、符合收养法规定的收养条件的，收养登记机关应为其办理收养登记，发给收养证。收养关系自登记发证之日起正式成立。

第四节　收养关系的法律效力

我国收养法第二十三条第一款规定，自收养关系成立之日起，养父母与养子女间的权利和义务关系，适用法律关于父母子女关系的规定；养子女与养父母的近亲属间的权利和义务关系，适用法律关于子女与父母的近亲属关系的规定。其第二款规定，养子女与生父母及其他近亲属间的权利和义务关系，因收养关系的成立而消除。

我国收养法第二十四条规定，养子女可以随养父或养母的姓，经当事人协商一致，也可以保留原姓。依据上述规定，收养关系自成立之日起，产生如下法律效力。

一、收养的拟制效力

收养的拟制效力是指收养依法建立新的亲属关系及其权利和义务的效力，也称为收养的积极效力。收养的拟制效力不仅涉及养父母与养子女，也涉及养子女与养父母的近亲属。

（一）养父母与养子女间产生拟制直系血亲关系

（1）养父母有抚养教育养子女的义务，不得虐待、遗弃养子女。

（2）养父母有保护和教育未成年养子女的权利和义务，是未成年养子女的监护人。

（3）养子女对养父母有赡养扶助的义务。

（4）依照我国继承法规定，养父母和养子女互为第一顺序法定继承人，有相互继承遗产的权利。

（二）养子女与养父母的近亲属间形成法律拟制直系或旁系血亲关系

收养关系成立后，按照我国收养法规定，养子女与养父母的近亲属间的权利和义务关系，适用法律关于子女与父母的近亲属关系的规定。父母依法承担抚养义务，子女依法享有遗产继承权。

二、收养的解消效力

收养的解消效力是指收养依法终止原有的亲属关系及其权利和义务的效力，又称收养的消极效力。收养的解消效力不仅及于养子女与生父母，也涉及养子女与生父母的其他近亲属。

（一）养子女与生父母间的权利义务关系消除

收养关系成立后，养子女与生父母之间彼此已不再是法律意义上的父母与子女，他们原有的权利和义务一律终止。但他们之间的血缘关系并不因收养而改变，因此，养子女与生父母间仍受我国婚姻法关于直系血亲禁止结婚的限制。

（二）养子女与生父母的其他近亲属间的权利和义务关系消除

收养关系的成立虽然消除了养子女与生父母的其他近亲属间的权利和义务关系，但他们之间的血缘关系并不因收养而改变，因此，养子女与生父母的其他近亲属间仍受我国婚姻法关于直系血亲和三代以内的旁系血亲禁止结婚的限制。

第五节　收养关系的解除

收养关系的解除是指收养关系成立生效后，根据当事人的合意或法定的理由，将已经存在的收养关系加以解除的法律行为。

我国收养法第二十六条第一款规定："收养人在被收养人成年以前，不得解除收养关系，但收养人、送养人双方协议解除的除外，养子女年满十周岁以上的，应当征得本人同意。"我国收养法第二款规定："收养人不履行抚养义务，有虐待、遗弃等侵害未成年养子女合法权益行为的，送养人有权要求解除养父母与养子女间的收养关系。送养人、收养人不能达成解除收养关系协议的，可以向人民法院起诉。"我国收养法第二十七条规定："养父母与成年养子女关系恶化、无法共同生活的，可以协议解除收养关系。不能达成协议的，可以向人民法院起诉。"据此，解除收养关系可以根据不同情况，分别采取协议解除收养关系和诉讼解除收养关系两种方式。

一、协议解除收养关系

（一）协议解除收养关系的条件

依据我国收养法第二十六条和第二十七条的规定，协议解除收养关系的条件有：一是在养子女成年前，协议解除收养关系须得收养人和送养人同意。养子女年满十周岁以上的应当征得本人同意。二是在养子女成年后，协议解除收养关系须得收养人和被收养人同意。

（二）协议解除收养关系的程序

依据我国收养法第二十八条规定，当事人协议解除收养关系的，应当到民政部门办理解除收养关系的登记。具体的程序依据《中国公民收养子女登记办法》第九条、第十条的规定办理。当事人应当持身份证、户籍证明、收养登记证和解除收养关系的书面协议，共同到被收养人常住户口所在地的收养登记机关申请办理解除收养关系的登记。收养登记机关应当自申请的次日起30天内进行审查，符合收养法规定的，予以解除登记，收回收养登记证，发给解除收养关系证明。

二、诉讼解除收养关系

（一）诉讼解除收养关系的条件

依据我国收养法第二十六条和第二十七条的规定，诉讼解除收养关系的条件有：一是收养人不履行收养义务，有虐待、遗弃等侵害未成年养子女合法权益行为的，送养人有权要求解除养父母与养子女间的收养关系；送养人、收养人不能达成解除收养关系协议的，可以向人民法院起诉；二是养父母与成年养子女关系恶化，无法共同生活，不能达成解除收养关系的协议的，可以向人民法院起诉。

（二）诉讼解除收养关系的程序

收养关系当事人应当依据《中华人民共和国民事诉讼法》的有关规定，向有管辖权的人民法院提起解除收养关系的民事诉讼。

三、收养关系解除的法律后果

我国收养法第二十九条规定，收养关系解除后，养子女与养父母及其他近亲属间的权利和义务关系即行消除，与生父母及其他近亲属间的权利和义务关系自行恢复，但成年养子女与生父母及其他近亲属间的权利和义务关系是否恢复，可以协商确定。我国收养法第三十条第一款规定，收养关系解除后，经养父母抚养的成年养子女，对缺乏劳动能力又缺乏生活来源的养父母，应当给付生活费，因养子女成年后虐待、遗弃养父母而解除收养关系的，养父母可以要求养子女补偿收养期间支出的生活费和教育费；第二款规定，生父母要求解除收养关系的，养父母可以要求生父母适当补偿收养期间支出的生活费和教育费，但因养父母虐待、遗弃养子女而解除收养关系的除外。

据此，收养关系解除后，将产生下列法律后果。

（1）自收养关系解除之日起，养父母与养子女间的权利和义务关系以及养子女与养父母的近亲属间的权利和义务关系（亦即法律拟制的直系血亲和旁系血亲关系）即行消除。

（2）未成年养子女与生父母间的权利和义务关系以及与生父母的近亲属间的权利和义务关系（亦即自然血亲关系）自行恢复。

（3）已经成年的养子女，在收养关系解除后，其与生父母及其他近亲属间的权利和义务关系是否恢复由他们协商确定。

（4）收养关系解除后，关于补偿收养期间的生活费和教育费等问题的处理。

收养关系解除后，经养父母抚养的成年养子女，对缺乏劳动能力又缺乏生活来源的养父母，应当给付生活费。因养子女成年后虐待、遗弃养父母而解除收养关系的，养父母可以要求养子女补偿收养期间支出的生活费和教育费。

养子女未成年时，因生父母一方反悔要求解除收养关系，或者由于生父母一方有过错行为导致解除收养关系的，养父母可以要求生父母适当补偿收养期间支出的生活费和教育费。但如因养父母虐待、遗弃养子女，促使生父母从有利于未成年养子女的抚养、成长出发而要求解除收养关系，在这种情况下，则养父母无权要求生父母补偿收养期间支出的生活费和教育费。

复习思考题：

1. 简述收养的概念及法律特征。
2. 收养与寄养有何不同？
3. 我国收养法有哪些基本原则？
4. 收养关系的成立应当具备哪些法定条件？
5. 收养关系的法律效力表现在哪些方面？
6. 协议解除和诉讼解除收养关系的条件和程序有何异同？
7. 解除收养关系引起的法律后果是什么？

第八章　离婚制度

第一节　离婚制度概述

一、离婚的概念

离婚是一种法律行为，不仅在双方的人身关系、财产关系方面引起一系列的法律后果，而且涉及子女抚养、教育和财产分割等方面，为此对家庭和社会都会产生一定的影响。因此，离婚制度在婚姻家庭立法中占有重要位置。离婚是指按照法定的条件和程序将已存在的婚姻关系加以解除的法律行为。离婚和婚姻的终止是不同的。婚姻的终止是指合法有效的婚姻关系因发生一定的法律事实而归于消灭。引起婚姻终止的原因有两个：一是配偶一方死亡（包括自然死亡和宣告死亡）；二是离婚。

从两者规定的内容看，离婚包括在婚姻终止之中，而婚姻终止的范围比离婚要宽。

二、离婚制度的历史沿革

离婚制度与结婚制度一样，是社会婚姻制度的重要组成部分，它是随着社会经济制度、政治制度的发展而不断发展变化的，并且还要受宗教和意识形态的影响和制约。就人类离婚制度的历史沿革来看，它经历了奴隶社会、封建社会、资本主义社会和社会主义社会几个历史阶段。在历史的演变中，关于离婚制度大体上有两大立法主张：一是禁止离婚主义；二是许可离婚主义。禁止离婚主义是宗教婚姻的产物，许可离婚主义是离婚制度的主要方面。

（一）禁止离婚主义

禁止离婚主义是指夫妻生存中，不许离婚的法律主张。禁止离婚主义是一种宗教婚姻制度。

教会法禁止离婚的基本教义是，婚姻乃神的意志，非人力所能为，所以人不能违背神的意志而离婚。《圣经》上这样记载："神作之合者，人不得而离之。"如果婚姻关系恶化，致使双方无法共同生活怎么办呢？它有一种补救的措施，那就是别居。我们都知道，所谓别居就是不在一起共同生活，但不解除婚姻关系。所以说禁止离婚主义主张别居，因为别居与禁止离婚主义的宗旨并不相违背。别居也是一种法律制度，分为终身别居和定期别居两种。终身别居为夫妻终身停止共同生活。定期别居是指夫妻在一定期限内停止共同生活，期限过后，即恢复夫妻共同生活。

当然现代资本主义国家也实行别居制度，但与中世纪的别居制度不同。中世纪的别居制度是禁止离婚的辅助手段。而现代资本主义国家的别居制度不是禁止离婚的产物，而是许可离婚的补充形式，如法国、英国、美国等国家，离婚与别居两种制度同时并存，而且把别居作为离婚的过渡形式，别居不成则转为离婚。

禁止离婚主义的基本理论有四种。

（1）宗教说认为夫妻乃神的意志，非人所能改变，所以不能依人的意志而离婚。

（2）道德说认为婚姻乃人生大事，人伦之本，如果允许离婚，会出现轻视婚姻的弊病，有碍夫妻和谐，有损道德风尚。

（3）社会利益说认为婚姻是社会的基础，离婚就会扰乱社会秩序，使社会不安定。

（4）子女利益说认为子女是婚姻的结果，夫妻有教育子女的天职，如果允许离婚，必然危及子女的利益。

以上这几种理论，从解释当中我们可以看出：除宗教说之外，其他几种理论都有一定的道理，但是我们分析一下，这与婚姻的本质是相违背的，婚姻是以感情为基础的，所以禁止离婚主义这种主张在事实上是行不通的。有几个信奉这种主义的国家（如意大利、葡萄牙、西班牙等国），现在都已摒弃禁止离婚的规定，实行了许可离婚主义。

（二）许可离婚主义

许可离婚主义是指允许夫妻双方合意或一方要求而准予解除婚姻关系的法律主张。许可离婚又分为单意离婚与协议离婚两种形式。

1. 单意离婚

单意离婚也称片意离婚，即因一方要求而允许离婚的制度。这种离婚形式，随历史的进展，经济、政治条件的变化，夫妻社会地位的演变，大致又可分为专权离婚主义、限制离婚主义和自由离婚主义三种情况。

（1）专权离婚主义。

专权离婚主义即丈夫享有离婚的特权，离婚以丈夫的意志为转移，无须经诉讼程序。

在古代，随着父权战胜母权，男子在家庭中居于统治地位，男女结合的人身和财产权利均属于丈夫所有。因此，婚姻关系解除在奴隶社会和封建社会里，是丈夫所有的特权，妻子则无离婚权。如《汉谟拉比法典》规定，妻子不生育，处事浪费，或丈夫想离弃她，丈夫就可以随意地离弃妻子。罗马法中的"夫权婚姻"规定，丈夫有随意离弃、卖掉妻子的权利。我国古代的"七出"制度就是丈夫享有离婚特权的一项规定。这种离婚形式，充分反映了当时男女社会地位的不平等。

（2）限制离婚主义。

法律规定一定的离婚自由，作为对当事人要求离婚的限制。夫妻一方凡是有法律规定的理由发生时，他方有提出请求离婚的诉权，而发生离婚理由的一方，则无离婚的诉权。限制离婚主义，起源于罗马法的"无夫权婚姻"，夫妻均有片意离婚权利。为防止人们离婚上的放任主义，法律规定：

①如果夫离妻，须妻犯有杀夫、通奸、故意堕胎者；妻离夫，须夫犯谋杀罪、毁坟、害妻者。

②我国古代的"七出"是专权离婚主义的一个体现，而"三不去"则是对丈夫专

权离婚的限制。

限制离婚主义，因其要求离婚必须具有一定的原因，故也称"有因离婚"。因其要求离婚必须经法院裁判，故也称"裁判离婚""诉讼离婚"。就其离婚的法定理由看，包括过错（有责）和无责两种。过错原则是指夫妻一方或双方有违反法律规定的夫妻关系的准则和道德行为，如重婚、通奸、虐待、遗弃等。无责原则是指非当事人的主观过错，但对夫妻关系的维持有直接影响的因素，如有生理缺陷、患精神病等或其他恶性疾病等。

现代各资本主义国家均采用限制离婚主义，如日本、法国、德国、英国、美国、瑞士、印度等。

（3）自由离婚主义。

自由离婚主义是指法律对离婚不作明文限制，依当事人一方的意志要求而准予离婚的主张。双方同意的离婚为协议离婚，比如1926年的《苏俄婚姻、家庭和监护法典》，简化了离婚程序，取消了司法程序，一切离婚只需到户籍部门登记即可。故有的学者称苏联的离婚制度为"自由离婚主义"。为了稳定婚姻家庭关系，反对轻率的离婚行为，1944年7月，苏联最高苏维埃发布命令，对离婚制度作了修改，把一方要求离婚的行政程序改为须通过法院，把不要求当事人提出离婚的理由改为离婚须提出理由，并经查证属实才能准予登记。现在一些经济发达的资本主义国家如英国、美国、法国等，正在不同程度地向自由离婚主义立法趋势发展。

2. 协议离婚

协议离婚即双方同意的离婚应予准许，双方结婚自由，离婚也自由，双方同意即可解除婚姻关系。大陆法系各国，皆有协议离婚的规定。如《日本民法典》规定："夫妻可以协议离婚。"英美法系则没有协议离婚的规定。近年来，美国的部分州也开始实行协议离婚制度。协议离婚，有的国家须经行政程序解除，有的国家须经诉讼程序解除。

第二节　处理离婚纠纷的指导思想

离婚纠纷是每一个社会普遍存在的社会现象，它不仅涉及夫妻二人，也直接影响子女和社会利益，关系着社会秩序的安定和社会的道德风貌。各个阶段有不同的处理离婚纠纷的原则和标准，在社会主义制度下，处理婚姻纠纷的基本原则是"保障离婚自由，反对轻率离婚"，这也是我国解决离婚纠纷的指导思想。正确理解和贯彻实施这一基本原则，对保障公民的合法权益、巩固发展社会主义家庭关系、促进社会经济建设的发展和社会主义精神道德面貌的提高有着极为重要的意义。

一、保障离婚自由

1. 保障离婚自由是建立民主和睦家庭的需要

离婚自由是我国婚姻自由原则的重要组成部分。结婚自由和离婚自由是婚姻自由不可分割的两个方面。结婚自由是适龄男女的普遍行为，离婚自由是少数夫妻关系无法维持时的一种特殊行为。只有结婚自由而无离婚自由，民主和睦的家庭不可能得到普遍、广泛的建立，夫妻关系"死亡"造成的痛苦无法解决。因此，在实行结婚自由的同时，必须实行离婚自由，不但使每个人在婚前有建立民主和睦家庭的自由，而且使少数夫妻关系无法维持的家庭摆脱痛苦的婚姻生活，重新建立民主和睦的婚姻家庭。

2. 保障离婚自由是为了保护我国公民的合法权利

保障离婚自由是保障当事人依法行使解除其婚姻关系的权利，即保障当事人协议离婚的自由权和诉讼离婚的起诉权、抗辩权和胜诉权。

3. 离婚自由是反对封建婚姻的有力武器

我国是有几千年封建主义历史的国家，封建思想影响较深，如在现实生活中把离婚不加分析地就视为"人间悲剧"，所谓"好人不离婚，离婚没好人""宁拆十座桥不破一门婚"，以及"嫁鸡随鸡，嫁狗随狗"等都是封建婚姻的表现。

二、反对轻率离婚

正如列宁所说，"承认妇女有离婚自由，并不等于号召所有的妻子都来闹离婚"。

（1）离婚自由，并不等于说可以随意离婚，更不允许滥用和践踏离婚自由的权利。对这个问题，有些人缺乏足够的认识。例如有的女性对爱情理解不够，夫妻间稍出现一点不和谐就提出离婚，这是轻率的表现；有的人受资产阶级婚姻道德观的影响，以离婚为借口，喜新厌旧、朝秦暮楚；还有的人把婚姻作为达到个人目的的跳板，一旦目的达到，就过河拆桥，要求解除婚姻关系。

（2）同任何事物一样，离婚的自由不是绝对的、无条件的，而是相对的、有条件的，是一定限度内的自由。离婚的自由，只有在认清了婚姻的本质和规律的时候，才能是真正的自由；否则，就只能是形式上的自由，只能是耗费精力，浪费感情。

无数事实说明，轻率离婚往往造成个人悲剧。因此，在离婚问题上，每个人都应采取慎重、严肃的态度，一方面要正确对待离婚自由的权利，不能滥用这项权利；另一方面也应保障婚姻当事人来去自由。

第三节 双方自愿离婚

一、双方自愿离婚的条件

我国婚姻法第三十一条规定，男女双方自愿离婚的，准予离婚。双方必须到婚姻登记机关申请离婚。婚姻登记机关查明双方确实是自愿并对子女和财产问题已有适当处理时，发给离婚证。按照此条规定，双方自愿离婚的条件有：

（1）男女双方需有合法的夫妻身份。婚姻登记机关在办理离婚登记时，应先验明双方的夫妻身份，凡是没有结婚证的，表明他们没有合法的婚姻关系，不能为其办理离婚登记。

（2）双方必须为完全民事行为能力人。离婚是重要的民事法律行为。只有双方是完全民事行为能力人，才能作出有效的意思表示。《婚姻登记条例》第十二条规定，无民事行为能力人或者限制民事行为能力人，办理离婚登记的，婚姻登记机关不予受理。

（3）男女双方须有离婚的合意。合意的含义：①合意必须是完全真实的，而不是出于其他目的所谓的虚伪表示；②必须是双方自愿决定的，而不是受对方或他人欺骗胁迫等所造成的；③双方必须都是有行为能力人；④其内容必须是合法的，而不是附加种种条件的。

（4）双方须对子女和财产作适当处理。这是双方自愿离婚的必备条件，其内容包括双方必须对离婚后子女由哪一方抚养、抚养费用如何负担，对夫妻共同财产的分割、共同债务的清偿和离婚时一方对另一方的经济帮助等问题达成协议；其内容一定符合男女平等、保护妇女和子女合法权益的原则，不得违背我国婚姻法第三十六至第四十二条的规定。

二、双方自愿离婚的程序

根据我国婚姻法第三十一条和《婚姻登记条例》的规定，男女双方自愿离婚的程序是依法办理离婚登记。就是说离婚登记是夫妻双方自愿离婚的必经程序，它是由婚姻登记机关依照行政程序办理的。离婚登记的程序与结婚登记的程序一样，也分为申请、审查和登记三个环节。

（一）申请

在我国，凡男女双方自愿离婚的，双方应当共同到一方当事人常住户口所在地的婚姻登记机关申请离婚登记。申请时内地居民应当出具的证件和证明材料有：本人的户口簿、身份证；本人的结婚证；双方当事人共同签署的离婚协议书。离婚协议书应当载明双方当事人自愿离婚的意思表示以及对子女抚养、财产及债务处理等事项协商一致的意见。

（二）审查

婚姻登记机关对当事人的离婚申请应认真审查，审查内容包括：离婚申请人双方是否都有行为能力；离婚是否确实出于双方自愿；对子女问题是否已有适当处理；对财产问题是否已有适当处理；如果一方生活确实有困难，双方是否就经济帮助问题达成协议，其给付办法是否妥当。

（三）登记

婚姻登记机关应当对离婚登记当事人出具的证件、证明材料进行审查并询问相关情况。对当事人确属自愿离婚，并已对子女抚养、财产、债务等问题达成一致处理意见的，应当当场予以登记，发给离婚证。

第四节　一方要求离婚

我国婚姻法对一方要求离婚的法定程序和条件都作了明确规定，其目的在于保证因一方提出离婚引起的纠纷顺利得到解决。

一、一方要求离婚的程序

我国婚姻法第三十二条第一款规定，男女一方要求离婚的，可由有关部门进行调解或者直接向人民法院提出离婚诉讼。从这条规定中我们可以看出，因一方提出离婚，另一方不同意离婚而发生的离婚纠纷，通常可通过两种方式解决，一种是诉讼外的调解，另一种是提起离婚诉讼由人民法院进行审理。

（一）诉讼外的调解

诉讼外的调解，就是在有关部门的主持下，对一方要求离婚的纠纷作调解工作，帮助当事人在自主自愿的基础上，就保持或解除夫妻关系的问题达成协议。这里的有关部门是指当事人所在的单位、基层调解组织、群众团体和婚姻登记机关。

诉讼外的调解，其好处是可以使大量的纠纷不经诉讼就能得到及时、合理的调解，有利于双方的生产和工作，有利于人民内部的团结和社会的安定。诉讼外调解的结果不外有三种：一是双方当事人达成和好协议，继续保持婚姻关系；二是双方当事人达成离婚的协议，决定解除婚姻关系，可按我国婚姻法第三十一条的规定，到婚姻登记机关办理离婚登记；三是调解无效，可告知当事人按诉讼程序处理，即向人民法院起诉。

（二）离婚诉讼中的调解和判决

我国婚姻法第三十二条第二款规定，人民法院审理离婚案件，应当进行调解；如双方感情确已破裂，调解无效，应准予其离婚。这表明调解是人民法院行使审判职能的重要方式。诉讼中的调解是指在人民法院审判人员的主持下，由双方当事人自愿协商，达成协议。离婚诉讼中的调解与离婚诉讼外的调解的主要不同是行使调解权利的主体不同，离婚诉讼中的调解是人民法院行使国家审判权的一种方式，重在发挥其主导作用。

离婚案件经人民法院调解后同样会有三种结果：一是双方当事人达成同意和好的协议，由原告撤诉，将调解协议记录在卷；二是双方当事人达成同意离婚的协议，人民法院应按协议的内容制作调解书，发给双方收执；离婚调解书和离婚判决书具有同等的法律效力，是解除离婚关系的正式法律文书；三是协议不成，调解无效，这时人民法院应当以案件的事实为根据，以有关法律规定为准绳，进行判决。

（三）离婚程序的两项特别规定

1. 一定期限男方离婚诉权的限制

我国婚姻法第三十四条规定，女方在怀孕期间、分娩后一年内或中止妊娠后六个月内，男方不得提出离婚。女方提出离婚的，或人民法院认为确有必要受理男方离婚请求的，不在此限。这是在离婚程序上对女方的特殊保护。

2. 对现役军人配偶离婚诉权的限制

我国婚姻法第三十三条规定，现役军人的配偶要求离婚，须得军人同意，但军人一方有重大过错的除外。这是在离婚程序上对现役军人的特殊保护。这里的现役军人是指参加中国人民解放军、具有军籍的干部和战士，人民武装警察部队的干部和战士。

二、判决离婚的法定条件

我国婚姻法第三十二条第二款规定，人民法院审理离婚案件，应当进行调解；如感情确已破裂，调解无效，应准予离婚。由此，我们可以看出，夫妻感情确已破裂是判决离婚的法定条件。

（一）感情确已破裂是准予离婚的法定条件

感情确已破裂是指夫妻感情破裂的程度，应包含三层意思：一是夫妻感情已经破裂，而不是将要破裂或者可能破裂；二是夫妻感情完全破裂，而不是刚刚产生裂痕或者尚未完全破裂；三是夫妻感情真正破裂，而不是虚伪破裂或者他人的猜测臆断。

从上述对感情确已破裂含义的理解中我们不难看出，感情确已破裂是实体性规定，是准予离婚与不准予离婚的法定条件。法院审理离婚案件，应当进行调解，调解无效的案件中，双方多是感情确已破裂的，从这个意义上说，调解无效是感情确已破裂的一种反映，但调解无效不等于感情确已破裂。调解无效则是程序性规定，法院不能把它作为判决离婚的法定条件。因此，我们不应当把调解无效作为认定感情确已破裂的根据。

（二）夫妻感情确已破裂的认定

既然夫妻感情确已破裂是判决准予离婚的法定条件，那么如何认定感情确已破裂呢？判断夫妻感情是否确已破裂，有无恢复和好可能，是一个很复杂的问题，需要抓住重要情节和理由，透过现象看本质，历史地、发展地、全面地分析研究。怎么分析判断夫妻感情是否确已破裂，可以从以下四个方面来看。

一看婚姻基础。这是婚姻的根本或起点，即夫妻双方婚前的感情和相互了解的程度。看婚姻基础，应看双方结婚是自主自愿还是父母或他人包办强迫的；双方结婚是以爱情为基础还是以金钱、地位和容貌等为基础的；双方婚前是彼此充分了解还是草率结合的。这些因素，对双方婚后感情和离婚纠纷产生的原因，都会有直接或间接的影响。

二看婚后感情。这是指男女双方结婚以后的相互关切、喜爱之情。看婚后感情就是看夫妻共同生活期间的感情状况。一方面要看双方在婚后是否建立起了感情；另一方面要看夫妻感情的发展变化、夫妻关系的现状。

三看离婚的真实原因。这是指引起离婚的最初因素，看离婚的真实原因，就是要看到引起离婚的真实的最初的因素。

四看有无争取和好的因素。这是指有没有争取夫妻双方和好的条件。

上述四个方面不是独立存在的，而是相互联系、相互影响的。

（三）认定夫妻感情确已破裂的具体理由

我国婚姻法第三十二条第三款规定，有下列情形之一，调解无效的，应准予离婚：①重婚或有配偶者与他人同居的；②实施家庭暴力或虐待、遗弃家庭成员的；③有赌博、吸毒等恶习屡教不改的；④因感情不和分居满二年的；⑤其他导致夫妻感情破裂的情形。由此可知，我国婚姻法对夫妻感情确已破裂的认定采用具体列举和概括规定相结合的方式。

此外，我国婚姻法第三十二条规定，一方被宣告失踪，另一方提出离婚诉讼的应准予离婚。

第五节　离婚对当事人的法律后果

离婚使夫妻间的人身关系和财产关系归于消灭，其对子女的抚养教育等都会发生一定的影响。对此，法学理论上称为离婚的法律后果或离婚的效力。

离婚的法律后果发生于婚姻关系正式解除之时。它只对将来发生效力，不发生溯及既往的效力。离婚的法律后果在登记离婚制度中，自当事人取得离婚证之日起产生；在诉讼离婚制度中，自调解书或判决书发生法律效力之日起发生。

离婚对当事人的法律后果包括两个基本方面：一是夫妻身份关系的解除；二是夫妻财产关系的变更。

一、夫妻身份关系的解除

解除夫妻间的身份关系，是离婚的直接法律后果，基于夫妻身份所发生的一切权利和义务，都随着婚姻关系的解除而消灭。

（一）扶养义务的解除

根据我国婚姻法的规定，在婚姻关系存续期间，夫妻有相互扶养的义务。离婚后，随着夫妻身份关系的消灭，夫妻间互相扶养的义务同时解除，任何一方均不再享有要求对方扶养的权利，任何一方亦不再存在扶养对方的义务。

（二）继承人资格的丧失

根据我国婚姻法的规定，夫妻有互相继承遗产的权利。夫妻离婚后，配偶身份解除，夫妻相互继承遗产的资格不复存在，其继承权也归于消灭。

（三）再婚的自由

婚姻关系解除后，夫妻身份消除，双方均享有重新缔结婚姻的自由权利，彼此不得加以干涉。

二、夫妻财产关系的变更

离婚不仅终止了夫妻间的人身关系，而且使夫妻间的财产关系发生了相应的变化，进而引发夫妻财产的清算、共同财产的分割、共同债务的清偿、经济补偿请求以及经济帮助等救济方式的发生等。我国法定的夫妻财产制是婚后所得共同制。因此，离婚时，法院应当依法分割夫妻共同财产。

（一）分清财产的性质

法院处理离婚案件，在分割财产前，首先应分清财产的性质。这是正确处理财产问题的关键。离婚时的财产主要包括夫妻双方的个人财产、夫妻共同财产、家庭共有财产和未成年子女的财产四种。

1. 夫妻双方的个人财产

夫妻双方的个人财产，是属于夫妻任何一个人有权占有、使用和处分的财产，包括夫妻婚前财产、按照双方约定应归个人的财产和双方自用的衣物等。

（1）夫妻婚前财产。

夫妻婚前财产是指婚姻关系形成之前双方的各自所有的财产，包括自己的劳动收入、受赠的和继承的财产等。

（2）按照双方约定应归个人的财产。

按照双方约定应归个人的财产，是指夫妻在结婚时或婚后，对那些法定的夫妻共有财产，采取自愿约定的办法，解决财产的归属问题。按照双方约定，属于个人所有的财产，也是夫妻的个人财产的一个组成部分，其具体内容详见本书第六章第一节。

（3）双方自用的衣物。

双方自用的衣物包括个人穿的衣服、鞋帽以及从事生产或工作必备的工具、图书资料等。

2. 夫妻共同财产

夫妻共同财产，是指在婚姻关系存续期间，即夫妻从登记到合法离婚或死亡期间内夫妻各自或共同劳动所得的收入，购置的财产和修建的房屋，各自或共同继承、受赠的财产等，其具体内容详见本书第六章第一节。此外，根据我国的司法解释，下列财产也应属于夫妻共同财产。

（1）夫妻分居两地分别使用、管理的婚后所得财产。

（2）分割发放到军人名下的复员费、自主择业费等一次性费用的，以夫妻婚姻关系存续年限乘以年平均值，所得数额为夫妻共同财产。

（3）对个人财产还是夫妻共同财产难以确定的，主张权利的一方有责任举证。当事人举不出有力证据，人民法院又无法查实的，按夫妻共同财产处理。

（4）夫妻共同经营的当年无收益的养殖、种植业等，属于夫妻共同财产。

（5）由一方婚前承租、婚后用共同财产购买的房屋，房屋权属证书登记在一方名下的，应当认定为夫妻共同财产。

3. 家庭共有财产

家庭共有财产，是指家庭成员共同积累、购置、受赠的财产，家庭成员交给家庭的财产和共同生活期间共同劳动的收入等。

夫妻离婚时只能分割夫妻的共同财产，不能分割其他家庭成员的财产。

4. 未成年子女的财产

未成年子女的财产，是指从出生到不满十八周岁的子女应得的财产，包括受赠的和分家析产的财产。

父母离婚后，未成年子女的财产应由负责抚养的一方代为管理。

（二）共同财产的分割

我国婚姻法第十七条第二款规定，夫妻对共同所有的财产，有平等的处理权。我国婚姻法第三十九条规定，离婚时，夫妻共同财产由双方协议处理；协议不成时，由人民法院根据财产的具体情况，照顾子女和女方权益的原则判决。这一规定是离婚时分割夫妻共有财产的法律依据。

根据我国婚姻法第十七条和第三十九条的规定，离婚时，在分割夫妻共有财产中应遵循以下原则：一是男女平等的原则；二是照顾子女和女方权益的原则；三是照顾无过错方的原则；四是有利生产、方便生活的原则；五是不损害国家、集体或他人利益的原则。

人民法院分割夫妻共同财产，应当首先进行调解，由当事人双方互谅互让，自愿协商，达成协议；调解不成时，由人民法院根据上述原则，结合具体情况，进行判决。分割夫妻共同财产时，人民法院还应注意以下问题。

(1) 人民法院审理离婚案件，涉及分割发放到军人名下的复员费、自主择业费等一次性费用的，以夫妻婚姻关系存续年限乘以年平均值，所得数额为夫妻共同财产。这里所称年平均值，是指将发放到军人名下的上述费用总额按具体年限均分得出的数额。其具体年限为人均寿命70岁与军人入伍时实际年龄的差额。

(2) 夫妻双方分割共同财产中的股票、债券、投资基金份额等有价证券以及未上市股份有限公司股份时，协商不成或者按市价分配有困难的，人民法院可以根据数量按比例分配。

(3) 人民法院审理离婚案件，涉及分割夫妻共同财产中以一方名义在有限责任公司的出资额，另一方不是该公司股东的，按以下情形分别处理：①夫妻双方协商一致，将出资额部分或者全部转让给该股东的配偶，过半数股东同意、其他股东明确表示放弃优先购买权的，该股东的配偶可以成为公司股东；②夫妻双方就出资额转让份额和转让价格等事项协商一致后，过半数股东不同意转让，但愿意以同等价格购买该出资额的，人民法院可以对转让出资所得财产进行分割。过半数股东不同意转让，也不愿意以同等价格购买该出资额的，视为其同意转让，该股东的配偶可以成为该公司股东。

用于证明过半数股东同意的证据，可以是股东会决议，也可以是当事人通过其他合法途径取得的股东的书面声明材料。

(4) 人民法院审理离婚案件，涉及分割夫妻共同财产中以一方名义在合伙企业中的出资，另一方不是该企业合伙人的，当夫妻双方协商一致，将其合伙企业中的财产份额全部或者部分转让给对方时，按以下情形分别处理：①其他合伙人一致同意的，该配偶依法取得合伙人地位；②其他合伙人不同意转让，在同等条件下行使优先受让权的，可以对转让所得的财产进行分割；③其他合伙人不同意转让，也不行使优先受让权，但同意该合伙人退伙或者退还部分财产份额的，可以对退还的财产进行分割；④其他合伙人既不同意转让，也不行使优先受让权，又不同意该合伙人退伙或者退还部分财产份额的，视为全体合伙人同意转让，该配偶依法取得合伙人地位。

(5) 夫妻以一方名义投资设立独资企业的，人民法院分割夫妻在该独资企业中的共同财产时，应当按照以下情形分别处理：①一方主张经营该企业的，对企业资产进行评估后，由取得企业一方给予另一方相应的补偿；②双方均主张经营该企业的，在双方竞价基础上，由取得企业的一方给予另一方相应的补偿；③双方均不愿意经营该企业的，按照《中华人民共和国个人独资企业法》等有关规定办理。

(三) 债务的清偿

我国婚姻法第四十一条规定，离婚时，原为夫妻共同生活所负的债务，应当共同偿还。共同财产不足清偿的，或财产归各自所有的，由双方协议清偿；协议不成时，由人民法院判决。据此，夫妻双方在离婚时，对债务的处理必须分清是共同债务，还是个人债务。共同债务由夫妻双方共同偿还，个人债务由个人单独偿还。

1. 夫妻共同债务的认定

属于夫妻共同债务的有：①夫妻为共同生活或为履行法定的抚养、赡养义务等所负的债务以及共同财产制下一方或双方因治疗疾病所负的债务，应认定为夫妻共同债务；②婚前一方借款购置的房屋等财物已转化为夫妻共同财产的，为购置该财务借款所负的债务，应视为夫妻共同债务。

2. 夫妻个人债务的认定

属于夫妻个人债务的有：①夫妻一方婚前所负的债务，但能够证明所负债务用于婚后家庭共同生活的除外；②夫妻一方婚后以个人名义所负的债务，且夫妻一方能够证明该债务确为欠债人的个人债务；③一方未经对方同意，擅自资助与其没有抚养义务关系的亲朋所负的债务；④一方未经对方同意，独自筹资从事经营活动，其收入确未用于共同生活所负的债务；⑤其他应当由个人承担的债务。

（四）离婚后的住房问题

离婚后的住房问题是司法实践中难以处理的问题，对此问题，法院应当根据双方的实际情况，照顾女方和子女的利益的原则，妥善处理。处理时，法院应注意以下几个问题：

（1）对双方租住房管理部门统管的公房的，离婚后由一方或双方继续租住，应征求房管部门的意见。

（2）对双方租住一方所在单位所管的公房的，离婚后原则上应由房屋所属单位的一方租用，但对方住房有困难时，原住房屋所在单位有帮助解决这一困难的责任。在困难不能解决并带有子女的情况下，可由这一方租住原房屋。

（3）对双方租用属于一方家庭共有的房屋的，离婚后离开家庭的一方应尽可能地搬出，如带有子女又无处可搬时，对方有帮助解决住房困难的责任。必要时可将原住房屋租给离开家庭的一方住用。

（五）离婚时对生活困难一方的帮助

我国婚姻法第四十二条规定，离婚时，如一方生活困难，另一方应从其住房等个人财产中给予适当帮助。具体办法由双方协议；协议不成时，由人民法院判决。

离婚时，一方对另一方必要的帮助，对男女双方适用，就是说，接受帮助的一方可以是女方也可以是男方。一方给予另一方的帮助不是无条件的，根据我国婚姻法及最高人民法院的司法解释，离婚时一方对另一方的帮助应具备以下条件。

①这种帮助具有严格的时限性。接受帮助的一方，必须是在离婚时出现困难的。

②接受帮助的一方，必须是无劳动能力，无其他生活来源或难以维持基本生活且自己无力解决的。

③提供帮助的一方，必须是有负担能力的。

④提供帮助的一方，应该是从其住房等个人财产中给予帮助。

经济帮助的办法，由双方协议；协议不成时，由人民法院根据双方的实际情况确定。

（六）离婚时的经济补偿

我国婚姻法第四十条规定，夫妻书面约定婚姻关系存续期间所得的财产归各自所有，一方因抚育子女、照料老人、协助另一方工作等付出较多义务的，离婚时有权向另一方请求补偿，另一方应当予以补偿。

适用本规定时应注意以下几个问题。

（1）离婚时的经济补偿制度仅适用于在婚姻关系存续期间采用分别财产制的当事人。

（2）在经济补偿关系中，上述付出较多义务的一方，是补偿请求权人，因补偿请求权人付出较多义务而受益的另一方，是补偿义务人。

（3）经济补偿是我国离婚法中一项独立的制度，其性质既不同于离婚时共同财产的分割，也不同于离婚时的损害赔偿（这种赔偿责任以赔偿义务人有法定的过错为前提，对补偿责任则无此要求）。是否行使补偿请求权，由请求权人自行决定。

（4）如果付出较多义务的一方请求补偿，另一方应当予以补偿。至于如何补偿的问题，应由双方协议。如果另一方不予补偿，或双方在补偿的方式、数额等问题上发生争议，可经诉讼程序由人民法院判决。

（七）离婚时公房使用、承租问题的处理

根据最高人民法院1996年2月5日发布的《关于审理离婚案件中公房使用、承租若干问题的解答》，人民法院审理离婚案件对公房使用、承租问题应当依照《中华人民共和国民法通则》《中华人民共和国婚姻法》《中华人民共和国妇女权益保障法》和其他有关法律规定，坚持男女平等和保护妇女、儿童合法权益等原则，考虑双方的经济收入，实事求是，合情合理地予以解决。具体说来，应注意把握以下各点。

（1）夫妻共同居住的公房，具有下列情形之一的，离婚后，双方均可承租：

①婚前由一方承租的公房，婚姻关系存续5年以上的；

②婚前一方承租的本单位的房屋，离婚时双方均为本单位职工的；

③婚前一方借款投资建房取得的公房承租权，婚后夫妻共同偿还借款的；

④婚后一方或双方申请取得公房承租权的；

⑤婚前一方承租的公房，婚后因该承租房屋拆迁而取得房屋承租权的；

⑥夫妻双方单位投资联建或联合购置共有房屋的；

⑦一方将其承租的本单位的房屋，交回本单位或交给另一方单位后。另一方单位另给调换房屋的；

⑧婚前双方均租有公房，婚后合并调换房屋的；

⑨其他应当认定为夫妻双方均可承租的情形。

（2）对夫妻双方均可承租的公房，应依照下述原则处理：一是照顾抚养子女的一方；二是男女双方在同等条件下，照顾女方；三是照顾残疾或生活困难的一方；四是照顾无过错一方。

在坚持上述原则的基础上，还须运用两种操作方式：一是公房由一方承租的，承租方对另一方可给予适当的经济补偿；二是房屋面积较大能够隔开分室居住使用的，可由双方分别租住；对可以另调房屋分别租住或承租方给另一方解决住房的，可以准许。

（3）一方租房困难的处理。离婚时，一方对另一方婚前承租的公房无权承租而解决住房确有困难的，人民法院可调解或判决其暂时居住，暂住期限一般不超过两年。暂住期间，暂住方应交纳与房屋租金等额的使用费及其他必要的费用。如无权承租的一方另行租房经济确有困难的，而承租公房一方有负担能力，应给予一次性经济帮助。

（4）人民法院在调整和变更单位自管房屋（包括单位委托房地产管理部门代管的房屋）的租赁关系时，一般应征求自管房单位的意见。经调解或判决变更房屋租赁关系的，承租人应依照有关规定办理房屋变更登记手续。

（5）对夫妻共同出资而取得"部分产权"的房屋，人民法院可按上述相关内容予以妥善处理。但分得房屋"部分产权"的一方，一般应按所得房屋产权的比例，依照离婚时当地政府有关部门公布的同类住房标准价，给予对方一半价值的补偿。对夫妻双方均争房屋"部分产权"的，如双方同意或者双方经济、住房条件基本相同，可采取竞价方式解决。

第六节　离婚对子女的法律后果

离婚对子女产生的法律后果包括离婚后的父母子女关系、离婚后子女归谁抚养和子女抚养费的负担等问题。

一、离婚后的父母子女关系

我国婚姻法第三十六条第一款规定，父母与子女间的关系，不因父母离婚而消除。离婚后，子女无论由父或母直接抚养，仍是父母双方的子女。

父母子女间的关系不受离婚的影响，也就是说，离婚只是解除了夫妻关系，父母子女的关系仍然存在，父母子女关系不同于夫妻关系，夫妻关系可以通过法律手段人为地加以解除，而父母子女关系不能通过法律手段人为加以解除。这是因为父母子女关系是自然血亲关系。

子女无论随哪一方生活，仍然是父母双方的子女，因此，父母双方在离婚后，对子女的权利和义务仍然相同。因为父母子女关系是一种自然血亲关系，不以人的意志为转移，一旦产生，不能用人为的手段来消除。离婚后，子女作为双方的子女，父母仍有相同的权利和义务。

为此，婚姻法在第三十六条第二款中规定，离婚后父母对于子女仍有抚养和教育的权利和义务。

根据上述规定，在现实生活中，有人认为离婚后子女归谁抚养就是谁的子女，与对方无关，甚至拒绝对方来探视子女，这种观点和做法都是错误的，是不符合法律规定的。同样，在现实生活中，有的人在离婚后，推卸对子女抚养教育的责任，不愿意负担子女的生活教育费，这也是错误的，是违反法律规定的。

二、离婚后子女归谁抚养的问题

离婚后父母子女关系不变，但父母对子女的抚养形式发生变化，即子女只能随父或母一方抚养，另一方以给付抚育费及享有一定的探视权利来行使并履行其抚养教育子女的权利和义务。因此，离婚后，子女随哪一方生活的问题常常是双方当事人发生争执的焦点。对此，我国婚姻法第三十六条第三款规定，离婚后，哺乳期内的子女，以随哺乳的母亲抚养为原则。哺乳期后的子女，如双方因抚养问题发生争执不能达成协议时，由人民法院根据子女的权益和双方的具体情况判决。最高人民法院《关于人民法院审理离婚案件处理子女抚养问题的若干具体意见》也对此作了解释。

根据上述规定，在审判实践中应注意掌握以下几点。

（1）两周岁以下的子女，原则上由哺乳的母亲抚养。但母方有下列情形之一的，可随父方生活：①患有久治不愈的传染性疾病或其他严重疾病，子女不宜与其共同生活的；②有抚养条件不尽抚养义务，而父方要求子女随其生活的；③因其他原因，子女确无法随母方生活的；④父母双方协议两周岁以下子女随父方生活，并对子女健康成长无不利影响的，可予准许。

（2）两周岁以上的未成年子女的抚养问题，首先由父母双方协议，协议不成时，由法院判决。

对于父母双方均要求子女随其生活的，如其中一方有下列情形之一可予优先考虑：①已做绝育手术或因其他原因丧失生育能力的；②子女随其生活时间较长，改变生活环境对子女健康成长明显不利的；③无其他子女，而另一方有其他子女的；④子女随其生活，对子女成长有利，而另一方患有久治不愈的传染性疾病或其他严重疾病，或者有其他不利于子女身心健康的情形，不宜与子女共同生活的；⑤父方与母方抚养子女的条件基本相同，双方均要求子女与其共同生活，但子女单独与祖父母或外祖父母共同生活多年，且祖父母或外祖父母要求并且有能力帮助子女照顾孙子女或外孙子女的，可作为子女随父或母生活的优先条件予以考虑；⑥父母双方对十周岁以上的未成年子女随父或随母生活发生争执的，应考虑该子女的意见。十周岁以上的未成年人已有部分民事行为能力，在处理有关切身利益的问题时，理应尊重本人的意愿。

此外，在有利于保护子女利益的前提下，父母双方协议轮流抚养子女的，可以准予。

在子女有识别能力后，自愿变更抚养归属的，或者在双方抚养条件发生变化的时候，凡符合子女利益的，或根据子女的要求，可以通过双方协议或法院判决解决。

三、子女抚养费的负担问题

我国婚姻法第三十七条第一款规定，离婚后，一方抚养的子女，另一方应负担必要的生活费和教育费的一部或全部，负担费用的多少和期限的长短，由双方协议；协议不成时，由人民法院判决。我国婚姻法第三十七条第二款规定，关于子女生活费和教育费的协议或判决，不妨碍子女在必要时向父母任何一方提出超过协议或判决原定数额的合理要求。最高人民法院《关于人民法院审理离婚案件处理子女抚养问题的若干具体意见》也对此作了相关解释。

根据上述规定，在审判实践中应注意掌握以下几点。

（1）子女抚育费的数额。子女抚育费的数额可根据子女的实际需要、父母双方的负担能力和当地的实际生活水平确定。父母有固定收入的，抚育费一般可按其月总收入的百分之二十至百分之三十的比例给付。负担两个以上子女抚育费的，比例可适当提高，但一般不得超过月总收入的百分之五十。父母无固定收入的，抚育费的数额可依据当年的总收入或同行业平均收入，参照上述比例确定。有特殊情况的，可适当提高或降低上述比例。

（2）子女抚育费的给付期限。子女抚育费的给付期限一般是至子女十八周岁为止。十六周岁以上不满十八周岁，以其劳动收入为主要生活来源，并能维持当地一般生活水平的，父母可停止给付抚育费。

（3）子女抚育费支付的方法。子女抚育费支付的方法是应定期给付，有条件的可一次性给付。

四、子女抚养关系和子女抚育费的变更

（一）子女抚养关系的变更

离婚后，一方要求变更子女抚养关系有下列情形之一的，应予支持：①与子女共同生活的一方因患严重疾病或因伤残无力继续抚养子女的；②与子女共同生活的一方不尽抚养义务或有虐待子女行为，或其与子女共同生活对子女身心健康确有不利影响的；③十周岁以上未成年子女，愿随另一方生活，该方又有抚养能力的；④有其他正当理由需要变更的。

（二）子女抚育费的变更

离婚后，子女抚育费的给付责任，是基于父母和子女的人身关系而产生的，在性质上不同于一般的公民之间的债权债务关系，所以，有关给付子女抚育费的原有规定，在一定条件下是可以根据父母双方或子女实际情况的变化予以适当的变更的。变更包括增加、减少或免除三种情况。

（1）子女抚育费的增加。增加子女抚育费的条件是：①原定抚育费数额不足以维持当地实际生活水平的；②因子女患病、上学，实际需要已超过原定数额的；③有其他正当理由应当增加的。

（2）子女抚育费的减少或免除。减少或免除子女抚育费的条件是：①负有给付义务的一方确有实际困难，如因长期患病或丧失劳动能力，无经济来源，确实无力给付的，可通过协商或判决酌情减少或免除；②抚养子女的一方再婚，再婚配偶愿意负担子女抚育费的一部或全部，另一方的负担可以酌情减少或免除；③有给付义务的一方，因犯罪被收监改造，无力给付抚育费的。

增加、减少或免除子女抚育费的要求，应当先由双方协商解决；协议不成时，可以由有关部门进行调解或直接向人民法院起诉。

五、离婚后不直接抚养子女方的探望权

我国婚姻法第三十八条第一款规定，离婚后，不直接抚养子女的父或母，有探望子

女的权利，另一方有协助的义务。本条第二款规定，行使探望权利的方式、时间由当事人协议；协议不成时，由人民法院判决。本条第三款规定，父或母探望子女，不利于子女身心健康的，由人民法院依法中止探望的权利；中止的事由消失后，应当恢复探望的权利。据此，确定了离婚后不直接抚养子女方的探望权的法律制度。对这一制度应把握以下三点。一是探望权是男女双方离婚后，不直接抚养子女的一方，依法享有的权利。它是基于身份和血缘关系而产生的。二是探望权的行使必须有利于未成年子女的身心健康，否则人民法院有权依法中止其探望。三是行使探望权的方式和时间，当事人应尽量协商一致，调解解决；协商不成时，由人民法院判决。

复习思考题：

1. 试述离婚、婚姻终止的概念。
2. 婚姻终止的原因有哪些？
3. 登记离婚有哪些条件和程序？
4. 离婚与婚姻无效、被撤销有何区别？
5. 如何全面理解诉讼离婚的程序？
6. 如何理解判决离婚的标准？
7. 离婚在当事人间产生哪些法律后果？
8. 如何处理离婚时的财产分割问题？
9. 如何处理离婚后的子女抚养问题？

案例 1

王西与宋梅于 2006 年 1 月结婚。2015 年 6 月，王西以双方长期分居、感情确已破裂为由提起离婚诉讼，经人民法院调解，宋梅同意离婚，但二人在财产分割与债务清偿上发生争执，协议不成。主要问题是：①王西有祖传房屋四间，二人结婚后共同使用，分居期间二人各住两间，宋梅要求分割产权。王西以全部房屋都是婚前个人所有为由对此坚决反对，并出示了所有权证。②宋梅婚前购有进口彩电一台，婚后二人共同使用，分居期间其置于王西房间，因零件老化而报废，宋梅要求用双方共同财产抵偿，王西反对。③在二人分居期间，王西为给其弟筹集出国留学经费向人借款 20 000 元；为给在农村去世的姑妈办理丧事向人借款 5 000 元，要求用共同财产偿还债务，宋梅表示自己不负偿还义务。④王西的一部著作已交付出版社但尚未出版，宋梅要求将预计稿酬列入共同财产，王西认为其尚未取得经济利益，不属分割范围。对以上四个争执点，根据我国的法律和最高人民法院的司法解释，你认为应如何判决？

案例 2

张宁（男）与梁艳（女）于 2009 年通过自由恋爱而登记结婚，婚后双方感情尚好，生有一女，现年 7 岁。从 2014 年夏天起，张宁与同事沙某通奸，夫妻关系开始紧张。同年 12 月张宁向人民法院起诉要求与梁艳离婚，梁艳不同意，法院判决不准离婚。此后，双方关系仍未改善，二人经常争吵不休。张宁擅自变卖家中电视机、电风扇等物

婚姻家庭法学

（系他在 2008 年年底购置），为此双方关系更趋恶化。2015 年 1 月起，张宁住到单位，不再回家，每月工资也不再贴补家用。梁艳靠自己少量收入维持母女两人生活。家中尚有家具一套，原为婚前张宁所买。

2016 年 2 月，张宁再次向人民法院起诉，坚决要求离婚。而梁艳提出，夫妻纠纷系第三者介入所造成，只要排除外事干扰双方有可能和好，因此仍不同意离婚。经法院多次调解，双方各执己见。另外，法院在审理过程中查明，夫妻分居期间，张宁向他人借债 10 000 元，梁艳借债 20 000 元。

试就本案情节，回答下列问题并简述理由：

（1）法院可否判决双方离婚？

（2）如双方离婚，所生之女由何方抚养为宜？抚育费、教育费应如何负担？

（3）家具应如何分割？张宁所变卖之物应如何处理？

（4）张、梁各方所借债务如何清偿？

第九章　救助措施与法律责任

对于妨害婚姻家庭行为的受害人，国家和社会都应当提供有效的救助措施。法律责任是众多救助措施的一种。法律责任以国家强制力为后盾，使违法行为人受到相应的法律制裁，这是保护婚姻家庭关系、维护社会主义法律秩序的必要措施。

第一节　救助措施

一、救助措施的概念

救助措施的概念有广义和狭义的区别。广义上的救助措施除包括狭义的救助措施外，还包括各种法律责任，追究法律责任应由有关的国家机关依法进行。居民委员会、村民委员会、当事人所在单位均不能直接决定违法行为人承担法律责任。此处所说的救助措施是狭义的，专指有关组织对妨害婚姻家庭行为的受害人提供的援助。为了正确理解这一概念，我们必须注意以下几点：第一，有关组织的范围，包括居民委员会、村民委员会、当事人所在单位以及有关的国家机关；第二，救助措施通常是在受害人提出请求的条件下采取的，由于婚姻家庭属于私人领域，涉及个人隐私，有关组织一般不宜未经受害人提出请求而自行介入，否则有可能造成适得其反的不良后果；第三，对妨害婚姻家庭行为应作广义理解，不应仅仅局限于《中华人民共和国婚姻法》第四十三条和第四十四条所列举的家庭暴力、遗弃、虐待行为。

二、实施救助措施的机关

（一）基层群众性自治组织

居民委员会和村民委员会是最基层的群众性自治组织，当家庭暴力等侵害家庭成员的行为发生后，居民委员会和村民委员会可以及时介入，采取一定的工作方法解决家庭矛盾。

（二）当事人所在单位

当事人所在单位是指当事人工作、学习的地方。根据我国婚姻法的规定，当事人所在单位采取救助措施的方法包括劝阻和调解两种。针对实施家庭暴力或虐待家庭成员的行为，由加害人所在单位采取相应的救助措施，更有利于对加害人的批评和教育。

（三）有关国家机关

这里的国家机关包括公安机关、人民检察院和人民法院。

三、实施救助措施的种类

（一）劝阻

所谓劝阻，包括两层含义：一是救助机关劝说行为人停止侵害家庭成员合法权益的违法行为；二是对于劝说无效的情形，救助机关可以采取适当的手段阻止行为人的侵害行为，及时解救受害人。

（二）调解

上述基层群众性自治组织在有效劝阻违法行为人之后，可以进行调解。根据《人民调解委员会组织条例》的规定，居民委员会和村民委员会设有人民调解委员会，在基层人民政府和基层人民法院的指导下调解民间纠纷。这种调解虽然不同于法院调解，但也必须遵循合法和自愿的原则。对于当事人一方或者双方拒绝调解的，无法达成调解协议的，甚至达成协议后反悔的，基层群众性自治组织不应当强制调解，而应当告知受害人及时向公安机关或者司法机关提出请求。调解婚姻家庭纠纷过程中的重点在于查明事实和分清是非，然后依据法律法规、社会道德对于违法行为人进行严肃的批评教育，促使双方当事人相互谅解、平等协商，从而自愿达成协议，消除纷争。在调解过程中，切忌无原则地"和稀泥"。

（三）制止

制止是指公安机关对正在实施的家庭暴力行为，应受害人的请求，对加害人采取的强制加害人停止其加害行为并对其进行批评教育的措施。

（四）追究法律责任

对实施家庭暴力或虐待家庭成员的，受害人提出请求，公安机关应当依照治安管理处罚的法律规定予以行政处罚。对重婚的，对实施家庭暴力或虐待、遗弃家庭成员构成犯罪的，公安机关依法追究其刑事责任。

第二节　法律责任

本章所说的法律责任，专指行为人对于其实施的违反婚姻家庭法律行为应当承担的带有强制性的法律后果。对于不同的违法行为，法律规定了不同的法律责任。民事违法行为承担民事责任，行政违法行为承当行政责任，刑事违法行为承担刑事责任。

一、妨害婚姻家庭的行政责任

对于那些违反婚姻法，但情节较轻，尚未构成犯罪的行为，法院应当依法给予行政处罚。根据《中华人民共和国婚姻法》和相关法律规定，这类行为主要包括以下几种。

（一）实施家庭暴力或者虐待家庭成员

我国婚姻法第四十三条第二款规定，对正在实施的家庭暴力，受害人有权提出请求，居民委员会、村民委员会应当予以劝阻；公安机关应当予以制止。这里的制止，是指采取强制手段使行为人停止正在进行的家庭暴力。家庭暴力不同于一般意义上的暴力，它发生于家庭成员之间。对此，公安机关的介入一般是以受害人的请求为前提的，其对家庭暴力过于主动干预，也可能会影响家庭的稳定，适得其反地引起家庭的动荡不安。但是，对正在实施的家庭暴力，公安机关应当及时地依法制止。根据《中华人民共和国治安管理处罚法》第四十五条的规定，虐待家庭成员，被虐待人要求处理的和遗弃没有独立生活能力的被扶养人的，处五日以下拘留或者警告。

（二）非暴力干涉婚姻自由

对于包办、买卖或者其他干涉婚姻自由的行为，尚未使用暴力的，应当对行为人进行严肃的批评教育，同时可以依据有关规定予以行政处罚。

（三）侵害公民受义务教育的权利

根据我国义务教育法第十一条的规定，凡年满六周岁的儿童，其父母或者其他法定监护人应当送其入学接受并完成义务教育；条件不具备的地区的儿童，可以推迟到七周岁。适龄儿童、少年因身体状况需要延缓入学或者休学的，其父母或者其他法定监护人应当提出申请，由当地乡镇人民政府或者县级人民政府教育行政部门批准。

（四）违反计划生育规定

计划生育是我国的一项基本国策，夫妻双方都有实行计划生育的义务。《中华人民共和国人口与计划生育法》第十八条规定国家提倡一对夫妻生育两个子女。本法第四十一条规定不符合本法第十八条规定生育子女的公民，应当依法缴纳社会抚养费。未在规定的期限内足额缴纳应当缴纳社会抚养费的，自欠缴之日起，按照国家有关规定加收滞纳金；仍不缴纳的，由作出征收决定的计划生育行政部门依法向人民法院申请强制执行。本法第四十二条规定，按照本法第四十一条规定缴纳社会抚养费的人员，是国家工作人员的，还应当依法给予行政处分；其他人员还应当由其所在单位或者组织给予纪律处分。本法第四十三条规定，拒绝、阻碍计划生育行政部门及其工作人员依法执行公务的，由计划生育行政部门给予批评教育并予以制止；构成违反治安管理行为的，依法给予治安管理处罚；构成犯罪的，依法追究刑事责任。

二、妨害婚姻家庭的民事责任

对于那些违反婚姻法给当事人造成损害的违法行为，行为人应依法承担民事责任。根据我国婚姻法以及其他法律的相关规定，妨害婚姻家庭的民事责任主要有以下几种。

（一）给付扶养费、抚养费、赡养费

对遗弃家庭成员的，受害人可以向人民法院起诉，要求依法负有扶养、抚养、赡养义务的人给付扶养费、抚养费、赡养费。人民法院处理此类问题，应当根据义务人的经济能力和受害人的生活需要确定合理的扶养、抚养、赡养等费用。费用的给付，可以采取货币形式，也可以采取实物形式。受害人生活极为困难的，人民法院可以在作出判决之前，裁定先予执行（先行给付），以保障受害人正常的生活需要。

（二）离婚损害赔偿

现实生活中，因配偶一方的严重过错导致离婚的现象比较常见，无过错一方不仅遭受精神痛苦，有时还受到财产损失。因此，世界上不少国家和地区的婚姻家庭立法都设立了离婚损害赔偿制度。针对现实的需要，我国在借鉴其他国家和地区立法经验的基础上，确立了离婚损害赔偿制度。我国婚姻法第四十六条规定，有下列情形之一，导致离婚的，无过错方有权请求损害赔偿：①重婚的；②有配偶者与他人同居的；③实施家庭暴力的；④虐待、遗弃家庭成员的。

1. 离婚损害赔偿的构成要件

（1）配偶一方有重婚、与他人同居、实施家庭暴力或者虐待、遗弃家庭成员等违法行为。

（2）离婚是上述违法行为导致的，两者之间具有必然的因果关系。

（3）离婚出于有上述违法行为一方的过错，另一方对此是无过错的。但是，对于无过错一方，不应作机械的、绝对化的理解。另一方在或长或短的婚姻生活中可能也有某些过错，只要这些过错不是导致离婚的主要原因，仍可视其为无过错方。

2. 赔偿的范围和形式

对人身和财产损害，过错方应当全部赔偿。至于精神损害，根据《最高人民法院关于确定民事侵权精神损害赔偿责任若干问题的解释》的规定，离婚精神损害的赔偿数额可以参照以下因素确定：①侵权行为人的过错程度；②侵害的手段、场合、行为方式等具体情节；③侵权行为所造成的后果，这主要是指给无过错方造成精神痛苦的大小，赔偿金数额应当与之成正比，同时还应当考虑当地的风俗、社会舆论等因素；④侵权行为人承担责任的经济能力；⑤当地平均生活水平。人民法院只有充分考虑上述因素，才能合理地确定赔偿金的数额，做到既保护受害人的合法权益，又不至于使行为人无法负担。

（三）妨害夫妻共同财产分割应当承担的特殊民事责任

离婚过程中，妨害公平分割夫妻共同财产的行为如隐藏、转移、变卖、毁损等较为常见，为了保护双方当事人的合法权益，我国婚姻法第四十七条规定了此类问题的法律对策。

（1）离婚时，一方隐藏、转移、变卖、毁损夫妻共同财产，或伪造债务企图侵占另一方财产的，分割夫妻共同财产时可以少分或者不分。

一般而言，离婚时夫妻共同财产应当均等分割。如果一方当事人从事上述违法行为，根据情节的轻重，人民法院可以决定对其少分或者不分。这一规定，对于违法行为人而言是一种惩罚，是其对另一方当事人承担的一种特殊的赔偿责任。

（2）离婚后，一方发现另一方隐藏、转移、变卖、毁损夫妻共同财产，或者伪造债务的，可以向人民法院提起诉讼，请求再次分割夫妻共同财产。

人民法院在处理此类纠纷中，应当具体情况具体分析，根据不同的情况作出不同的处理：①一方隐藏和转移共同财产的，另一方可以请求分割该共同财产；②一方变卖共同财产的，如果受让人是善意取得人，该买卖行为有效，另一方仅能请求分割价金而不能请求分割实物；③一方毁损夫妻共同财产的，另一方仅能请求损害赔偿；④一方伪造债务的，应将伪造的债务数额计入共同财产加以分割。

离婚后，一方始发现对方存在上述违法行为，起诉时是否可以要求对方少分或者不分诉争财产呢？对此法律未作明文规定，根据我国婚姻法第四十七条的立法宗旨，人民法院应当肯定受害人享有这一权利，只有如此，才能惩罚违法行为人，有效地保护受害人的利益。

（四）其他法律规定的妨害婚姻家庭的民事责任

除了我国婚姻法规定的民事责任之外，其他法律对于妨害婚姻家庭的行为也规定了民事责任，主要包括以下两点。

1. 丧失继承权

我国婚姻法第二十四条规定，夫妻有相互继承遗产的权利。父母和子女有相互继承遗产的权利。继承权因当事人的特定身份而取得，也因当事人从事有违这一身份的行为而丧失。根据我国继承法的规定，继承人有下列行为之一的，丧失继承权：①故意杀害被继承人的；②为争夺遗产而杀害其他继承人的；③遗弃被继承人的或者虐待被继承人情节严重的；④伪造、篡改或者销毁遗嘱，情节严重的。继承权是所有权的延伸，或者说是一种期待财产权，丧失继承权实际上就是丧失了未来的可得利益。

2. 监护人责任

未成年人的父母是未成年人的监护人，未成年人的父母已经死亡或者没有监护能力的，其他人可以依法担任监护人。配偶、父母、成年子女、其他近亲属等应当依法担任被监护人的监护人。监护人应当认真履行监护职责。监护人不履行监护职责，给被监护人造成损害的，应当承担赔偿责任；因管教不严，致使被监护人损害他人利益的，监护人应当承担民事责任。同时，其他具有监护人资格的公民或者有关单位，可以请求人民法院撤销其监护人的资格。

三、妨害婚姻家庭的刑事责任

对于那些严重破坏婚姻家庭关系构成犯罪的行为，人民法院应当依法追究其刑事责任。依据我国婚姻法第四十五条、第四十九条的规定，结合《中华人民共和国刑法》的相关条文，妨害婚姻家庭的犯罪包括：重婚罪，虐待罪，遗弃罪，暴力干涉婚姻自由罪，破坏军婚罪，拐骗儿童罪，拐卖妇女、儿童罪，收买被拐卖的妇女、儿童罪。目前，我国刑法中尚未专设家庭暴力罪，对于实施家庭暴力，需要追究刑事责任的，人民法院可以按其情节和后果，分别适用有关虐待罪、故意杀人罪、过失致人死亡罪、故意伤害罪、过失致人重伤罪等规定。

复习思考题：

1. 简述救助措施的概念。

2. 应妨害婚姻家庭行为受害人的请求，基层群众性自治组织应当采取哪些救助措施？

3. 简述离婚损害赔偿的构成要件。

第十章 民族婚姻、涉外婚姻、
涉华侨及涉港澳台居民婚姻

第一节 民族婚姻

民族婚姻是指发生在少数民族之间或汉族与少数民族之间的婚姻。我国是一个多民族的国家，由于各个民族的风俗习惯各不相同，反映在婚姻家庭问题上，各民族的婚姻状况不可能完全一致。因此，正确处理民族婚姻问题，有利于各民族的团结和调动各民族的积极性，我们必须予以充分重视。

一、民族自治地方对婚姻家庭问题的变通规定

我国婚姻法第五十条规定，民族自治地方的人民代表大会有权结合当地民族婚姻家庭的具体情况，制定变通规定。自治州、自治县制定的变通规定，报省、自治区、直辖市人民代表大会常务委员会批准后生效。自治区制定的变通规定，报全国人民代表大会常务委员会批准后生效。

（一）在结婚、离婚方面的补充或变通规定

1. 结婚年龄问题

我国婚姻法规定结婚年龄，男不得早于二十二周岁，女不得早于二十周岁。晚婚晚育应予鼓励。这个法定婚龄，对于民族自治地方的少数民族来说，仍难以做到。有些少数民族地区，将婚龄减低了两岁，规定为男二十周岁，女十八周岁。

2. 禁止三代以内旁系血亲间结婚问题

内蒙古自治区变通规定为大力提倡三代以内旁系血亲不结婚。

3. 禁止利用宗教干涉婚姻家庭问题

宁夏回族自治区的补充规定第四条规定，禁止利用宗教仪式代替法定的结婚登记。信奉伊斯兰教的男女结婚后，自愿举行宗教仪式的，只能在领取结婚证后进行。

4. 结婚、离婚必须履行法律手续问题

新疆维吾尔自治区执行婚姻法的补充规定第六条，结婚、离婚必须履行法律手续。禁止一切用口头或文字通知对方的方法离婚。

（二）关于实行一夫一妻制的问题

我国婚姻法规定，实行一夫一妻的原则。但在一些少数民族中有一夫多妻的婚姻关系，直接违背社会主义婚姻制度的基本原则，对妇女的身心健康、子女的抚养教育和家庭的团结和睦均带来不利的影响，必须予以改变。因为这种婚姻关系是我国 1980 年婚

姻法公布施行以前形成的事实，所以，应当慎重对待处理。西藏自治区的变通条例第二条规定，废除一夫多妻、一妻多夫等封建婚姻，对执行本条例之前形成的上述婚姻关系，凡不主动提出解除婚姻关系者，准予维持。

（三）其他方面的补充或变通规定

民族自治地方还对妇女的婚姻自由、不同民族的男女自愿结婚等问题也作了保护性的规定。

二、处理民族婚姻纠纷时应注意的问题

人民法院处理民族婚姻纠纷，要照顾民族团结，尊重少数民族的风俗习惯，既要坚持婚姻法的规定，又要考虑各少数民族的特点。

（一）不同民族的通婚问题

不同民族男女通婚的，因此而发生婚姻纠纷的，人民法院应按宗教政策的有关规定处理。

（二）子女的民族从属问题

不同民族的男女结婚所生的子女属于什么民族，人民法院可根据当地群众的习惯决定或由夫妻自行协商议定；在子女长大以后，应尊重子女本人的意愿。

（三）离婚的界限和法律后果问题

人民法院在处理民族婚姻纠纷时，凡是民族自治地方有变通或是有补充规定的，从其规定；否则，依照婚姻法关于离婚条款的规定办理。关于离婚后子女的抚养问题，人民法院在处理时既要贯彻婚姻法的原则精神，也要照顾少数民族政策。

第二节 涉外婚姻

一、涉外婚姻的概念、特征和法律适用

涉外婚姻是指具有涉外因素的婚姻（包括结婚、离婚和复婚）。所谓涉外，是指主体涉外或地域涉外。这里的主体涉外，是指婚姻当事人一方或双方为外国人；地域涉外，是指婚姻事项在本国境外办理。

（一）涉外婚姻的概念和特征

涉外婚姻的概念，有广义和狭义之分。

（1）广义的涉外婚姻，是指不同国籍的公民之间的婚姻，或同一国籍的公民之间在外国境内的婚姻。根据办理婚姻事项的地域的不同，涉外婚姻可分为两种类型：一种是在本国境内，本国公民与外国人或外国人与外国人之间的结婚、离婚和复婚；另一种是在外国境内，本国公民与外国人或本国公民与本国公民的结婚、离婚和复婚。广义的涉外婚姻，由国际私法调整。

（2）狭义的涉外婚姻，是指在中国境内，中国公民与外国人，或外国人与外国人按照我国法律结婚、离婚或复婚。我国现行有关法律、法规、条例中所称的涉外婚姻，

通常指的是狭义的涉外婚姻。此类涉外婚姻，具有以下两个特征。

①婚姻当事人中至少有一方是外国人，即主体涉外。婚姻当事人中，一方为中国公民，另一方为外国人；或双方均为外国人。这里的中国公民是指具有中国国籍并居住在中国的人，包括已加入中国国籍的外国血统人。这里的外国人，是指不具有中国国籍的人，包括外国血统的外籍人、中国血统的外籍人（外籍华人），定居我国的外国侨民和无国籍人。

②婚姻事项在我国境内办理，即地域不涉外，婚姻当事人结婚、离婚或复婚是在中国境内办理。

（二）涉外婚姻家庭关系法律适用的一般原则

调整涉外婚姻家庭关系，在适用法律时需要解决两个或两个以上国家的婚姻家庭法（或亲属法）的冲突问题。我国现行婚姻法对此未作规定。《中华人民共和国民事诉讼法》《中华人民共和国涉外民事关系法律适用法》和《婚姻登记条例》等法律、法规，是调整涉外婚姻家庭关系的法律依据。

根据《中华人民共和国涉外民事关系法律适用法》第二条的规定，涉外民事关系适用的法律，依照本法确定；其他法律对涉外民事关系法律适用另有特别规定的，依照其规定。如果《中华人民共和国涉外民事关系法律适用法》和其他法律对涉外民事关系法律适用没有规定的，适用与该涉外民事关系有最密切联系的法律。我国法律对涉外民事关系有强制性规定的，直接适用该强制性规定。外国法律的适用将损害中华人民共和国社会公共利益的，适用我国法律。这些规定是涉外民事关系法律适用的一般规则，同样适用于涉外婚姻家庭关系。

二、涉外结婚的法律适用

（一）涉外结婚条件

根据《中华人民共和国涉外民事关系法律适用法》第二十一条的规定，结婚条件，适用当事人共同经常居所地法律；没有共同经常居所地的，适用共同国籍国法律；没有共同国籍，在一方当事人经常居所地或者国籍国缔结婚姻的，适用婚姻缔结地法律。

（二）涉外结婚程序

根据《中华人民共和国涉外民事关系法律适用法》第二十二条的规定，结婚手续，符合婚姻缔结地法律、一方当事人经常居所地法律或者国籍国法律的，均为有效。中国公民同外国人在我国境内结婚的，应当适用我国婚姻法和《婚姻登记条例》的规定。

（1）办理涉外婚姻登记的机关。中国公民同外国人办理婚姻登记的机关是省、自治区、直辖市人民政府民政部门或省、自治区、直辖市人民政府民政部门确定的机关。

（2）结婚当事人须持法定的证件。申请结婚登记的中国公民和外国人须分别持有下列证件。

①办理结婚登记的内地居民应当出具的证件和证明材料有：本人的户口簿、身份证；本人无配偶以及与对方当事人没有直系血亲和三代以内旁系血亲关系的签字声明。

②办理结婚登记的外国人应当出具的证件和证明材料有：本人的有效护照或者其他

有效的国际旅行证件；所在国公证机构或者有权机关出具的、经中华人民共和国驻该国使（领）馆认证或者该国驻华使（领）馆认证的本人无配偶的证明，或者所在国驻华使（领）馆出具的本人无配偶的证明。

（3）申请、审查和登记。要求结婚的涉外婚姻当事人应持法定证件和男女双方的照片，共同到婚姻登记机关提出结婚申请。婚姻登记机关应当对结婚登记当事人出具的证件、证明材料进行审查并询问相关情况；对当事人符合结婚条件的，应当当场予以登记，发给结婚证；对当事人不符合结婚条件不予登记的，应当向当事人说明理由。

三、涉外离婚的法律适用

（一）协议离婚

根据《中华人民共和国涉外民事关系法律适用法》第二十六条的规定，协议离婚，当事人可以协议选择适用一方当事人经常居所地法律或者国籍国法律。当事人没有选择的，适用共同经常居所地法律；没有共同经常居所地的，适用共同国籍国法律；没有共同国籍的，适用办理离婚手续机构所在地法律。

中国公民同外国人在我国境内离婚的，应当适用我国婚姻法和《婚姻登记条例》的规定。

（1）办理涉外离婚登记的机关。中国公民同外国人办理离婚登记的机关是省、自治区、直辖市人民政府民政部门或者省、自治区、直辖市人民政府民政部门确定的机关。

（2）离婚当事人须持法定的证件。申请离婚登记的中国公民和外国人须分别持有下列证件。

①办理离婚登记的内地居民应当出具的证件和证明材料有：本人的户口簿、身份证；本人的结婚证；双方当事人共同签署的离婚协议书。

②办理离婚登记的外国人应当出具的证件和证明材料有：本人的有效护照或者其他有效的国际旅行证件；本人的结婚证；双方当事人共同签署的离婚协议书。

（3）申请、审查和登记。要求离婚的涉外婚姻当事人应当共同到婚姻登记机关提出离婚申请。婚姻登记机关应当对离婚登记当事人出具的证件、证明材料进行审查并询问相关情况，对当事人确属自愿离婚，并已对子女抚养、财产、债务等问题达成一致处理意见的，应当当场予以登记，发给离婚证。离婚当事人领取离婚证，涉外婚姻关系解除。

（二）诉讼离婚

根据《中华人民共和国涉外民事关系法律适用法》第二十七条的规定，诉讼离婚，适用法院地法律。

涉外离婚，如果是一方要求离婚，按诉讼离婚程序办理，即涉外离婚当事人应按我国《中华人民共和国民事诉讼法》的有关规定，一律向中国公民一方户籍所在地或常住地的人民法院起诉。这里还须说明以下几点。

第一，不在我国居住的外国人，不能来我国法院亲自参加起诉、应诉的，可以委托我国公民、律师或居住在我国境内的本国公民、本国驻华使、领馆官员（以个人名义）

担任诉讼代理人。但外国人一方向我国法院提交的离婚起诉书、答辩状、意见书、委托书或上诉状等诉讼文书，必须经所在国公证机关公证，并经我国驻该国使、领馆认证方为有效。

第二，根据《维也纳领事关系公约》规定的原则，外国人一方不在我国境内，或由于其他原因不能适时到我国法院出庭时，在没有委托的情况下，该国驻华使、领馆领事官员（包括经我国外交部确认的外国驻华使馆的外交官同时兼有领事衔者），可以直接以领事名义担任其代表人，或为其安排代表人在我国法院出庭，参与离婚诉讼。

（三）涉外离婚案件的处理

人民法院审理涉外离婚案件，应根据我国婚姻法第三十二条和有关规定判决；对于离婚而引起的子女抚养费的负担、夫妻共同财产的分割、债务的清偿和一方对他方的经济帮助等问题，也应按我国婚姻法的规定一并处理。

必须注意的是，中国公民同外国人离婚，处理子女抚养费的负担、共同财产的分割和经济帮助等问题，原则上人民法院应确定国外一方一次性给付。这主要是由于我国目前与不少国家尚未签订司法协助协议，这些判决不便强制执行。为了保护中国公民及其子女的合法权益，所以人民法院应确定国外一方一次性给付。如果国外一方一次性给付确有实际困难的，可由居住在我国境内有相当财产的中国公民或外国公民担保；到期不履行的，由保证人清偿。

四、涉外复婚的法律适用

中国公民与外国人离婚后，双方自愿恢复婚姻关系，应按涉外结婚程序的规定办理。

五、涉外夫妻关系的法律适用

根据《中华人民共和国涉外民事关系法律适用法》第二十三条的规定，夫妻人身关系，适用共同经常居所地法律；没有共同经常居所地的，适用共同国籍国法律。第二十四条规定，夫妻财产关系，当事人可以协议选择适用一方当事人经常居所地法律、国籍国法律或者主要财产所在地法律。当事人没有选择的，适用共同经常居所地法律；没有共同经常居所地的，适用共同国籍国法律。

六、涉外父母子女关系的法律适用

根据《中华人民共和国涉外民事关系法律适用法》第二十五条的规定，父母子女人身、财产关系，适用共同经常居所地法律；没有共同经常居所地的，适用一方当事人经常居所地法律或者国籍国法律中有利于保护弱者权益的法律。

七、涉外扶养与监护的法律适用

根据《中华人民共和国涉外民事关系法律适用法》第二十九条的规定，扶养，适用一方当事人经常居所地法律、国籍国法律或者主要财产所在地法律中有利于保护被扶养人权益的法律。第三十条规定，监护，适用一方当事人经常居所地法律或者国籍国法律中有利于保护被监护人权益的法律。

八、涉外收养的法律适用

根据《中华人民共和国涉外民事关系法律适用法》第二十八条的规定，收养的条件和手续，适用收养人和被收养人经常居所地法律。收养的效力，适用收养时收养人经常居所地法律。收养关系的解除，适用收养时被收养人经常居所地法律或者法院地法律。

根据《中华人民共和国收养法》第二十一条的规定，外国人依照本法可以在中华人民共和国收养子女。外国人在中华人民共和国收养子女，应当经其所在国主管机关依照该国法律审查同意。收养人应当提供由其所在国有权机构出具的有关收养人的年龄、婚姻、职业、财产、健康、有无受过刑事处罚等状况的证明材料，该证明材料应当经其所在国外交机关或者外交机关授权的机构认证，并经中华人民共和国驻该国使领馆认证。该收养人应当与送养人订立书面协议，亲自向省级人民政府民政部门登记。收养关系当事人各方或者一方要求办理收养公证的，应当到国务院司法行政部门认定的具有办理涉外公证资格的公证机构办理收养公证。

为了规范涉外收养登记行为，中华人民共和国民政部于 1999 年 5 月 25 日正式发布了《外国人在中华人民共和国收养子女登记办法》，依照上述法律法规的规定，对外国人在中华人民共和国境内收养子女的登记机关和登记程序作了具体规定。

（一）收养登记机关

外国人来华收养子女，应当亲自来华办理登记手续。夫妻共同收养的，应当共同来华办理收养手续；一方因故不能来华的，应当书面委托另一方。委托书应当经所在国公证和认证。

外国人来华收养子女，应当与送养人订立书面收养协议。协议一式三份，收养人、送养人各执一份，办理收养登记手续时收养登记机关收存一份。书面协议订立后，收养关系当事人应当共同到被收养人常住户口所在地的省、自治区、直辖市人民政府民政部门办理收养登记。

（二）收养登记程序

外国人在华收养子女的程序具体包括申请、审查、登记和收养公证四个环节。

1. 申请

外国人在华收养子女，应当通过所在国政府或者政府委托的收养组织（以下简称外国收养组织）向中国政府委托的收养组织（以下简称中国收养组织）转交收养申请并提交收养人的家庭情况报告和证明。

收养人的收养申请、家庭情况报告和证明，是指由收养人所在国有权机构出具，经其所在国外交机关或者外交机关授权的机构认证，并经中华人民共和国驻该国使馆或者领馆认证的下列文件：①跨国收养申请书；②出生证明；③婚姻状况证明；④职业、经济收入和财产状况证明；⑤身体健康检查证明；⑥有无受过刑事处罚的证明；⑦收养人所在国主管机关同意其跨国收养子女的证明；⑧家庭情况报告，包括收养人的身份、收养的合格性和适当性、家庭状况和病史、收养动机以及适合于照顾儿童的特点等。

在华工作或者学习连续居住一年以上的外国人，在华收养子女，应当提交上述规定的除身体健康检查证明以外的文件，并应当提交在华所在单位或者有关部门出具的婚姻状况、职业、经济收入或者财产状况证明，有无受过刑事处罚证明以及县级以上医疗机构出具的身体健康检查证明。

送养人应当向所在省、自治区、直辖市人民政府民政部门提交本人的居民户口簿和居民身份证（社会福利机构作送养人的，应当提交其负责人的身份证件）、被收养人的户籍证明等情况证明，并根据不同情况提交下列有关证明材料：①被收养人的生父母（包括已经离婚的）为送养人的，应当提交生父母有特殊困难无力抚养被收养人的证明和生父母双方同意送养的书面意见；其中，被收养人的生父或者生母因丧偶或者一方下落不明，由单方送养的，并应当提交配偶死亡或者下落不明的证明以及死亡的或者下落不明的配偶的父母不行使优先抚养权的书面声明。②被收养人的父母均不具备完全民事行为能力，由被收养人的其他监护人作送养人的，应当提交被收养人的父母不具备完全民事行为能力且对被收养人有严重危害的证明以及监护人有监护权的证明。③被收养人的父母均已死亡，由被收养人的监护人作送养人的，应当提交其生父母的死亡证明、监护人实际承担责任的证明，以及其他有抚养义务的人同意送养的书面意见。④由社会福利机构作送养人的，应当提交弃婴、儿童被遗弃和发现的情况证明以及查找其父母或者其他监护人的情况证明；被收养人是孤儿的，应当提交孤儿父母的死亡或者宣告死亡证明，以及有抚养孤儿义务的其他人同意送养的书面意见。送养残疾儿童的，还应当提交县级以上医疗机构出具的该儿童的残疾证明。

2. 审查

省、自治区、直辖市人民政府民政部门应当对送养人提交的证件和证明材料进行审查，对查找不到生父母的弃婴和儿童公告查找其生父母，认为被收养人、送养人符合收养法规定条件的，将符合收养法规定的被收养人、送养人名单通知中国收养组织，同时转交下列证件和证明材料：①送养人的居民户口簿和居民身份证（社会福利机构作送养人的，为其负责人的身份证件）复制件；②被收养人是弃婴或者孤儿的证明、户簿证明、成长情况报告和身体健康检查证明的复制件及照片。

省、自治区、直辖市人民政府民政部门查找弃婴或者儿童生父母的公告应当在省级地方报纸上刊登。自公告刊登之日起满60日，弃婴和儿童的生父母或者其他监护人未认领的，视为查找不到生父母的弃婴和儿童。

中国收养组织对外国收养人的收养申请和有关证明进行审查后，应当在省、自治区、直辖市人民政府民政部门报送的符合我国收养法规定条件的被收养人中，参照外国收养人的意愿，选择适当的被收养人，并将该被收养人及其送养人的有关情况通过外国政府或者外国收养组织送交外国收养人。外国收养人同意收养的，中国收养组织向其发出来华收养子女通知书，同时通知有关的省、自治区、直辖市人民政府民政部门向送养人发出被收养人已被同意收养的通知。

3. 登记

收养关系当事人办理收养登记时，应当填写外国人来华收养子女登记申请书并提交收养协议，同时分别提供有关材料。收养人应当提供下列材料：①中国收养组织发出的来华收养子女通知书；②收养人的身份证件和照片。

送养人应当提供下列材料：①省、自治区、直辖市人民政府民政部门发出的被收养人已被同意收养的通知；②送养人的居民户口簿和居民身份证（社会福利机构作送养人的，为其负责人的身份证件）、被收养人的照片。

收养登记机关收到外国人来华收养子女登记申请书和收养人、被收养人及其送养人的有关材料后，应当自次日起7日内进行审查，对符合规定的，为当事人办理收养登记，发给收养登记证书。收养关系自登记之日起成立。收养登记机关应当将登记结果通知中国收养组织。

4. 收养公证

收养关系当事人办理收养登记后，各方或者一方要求办理收养公证的，应当到收养登记地的具有办理涉外公证资格的公证机构办理收养公证。

第三节 涉华侨、香港居民、澳门居民和台湾居民的婚姻

依据《婚姻登记条例》，最高人民法院和外交部、民政部等有关部门对涉及华侨、涉及港澳台同胞的婚姻家庭问题所作的一些特殊规定，涉及华侨、香港居民、澳门居民和台湾居民婚姻的主要内容如下。

一、涉华侨、香港居民、澳门居民和台湾居民的结婚问题

（一）办理结婚登记的机关

内地居民同香港居民、澳门居民、台湾居民、华侨在中国内地结婚的，男女双方应当共同到内地居民常住户口所在地的婚姻登记机关办理结婚登记。

（二）结婚当事人须持法定的证件和证明材料

办理结婚登记的内地居民应当出具的证件和证明材料有：①本人的户口簿、身份证；②本人无配偶以及与对方当事人没有直系血亲和三代以内旁系血亲关系的签字声明。

办理结婚登记的香港居民、澳门居民、台湾居民应当出具的证件和证明材料有：①本人的有效通行证、身份证；②经居住地公证机构公证的本人无配偶以及与对方当事人没有直系血亲和三代以内旁系血亲关系的声明。

办理结婚登记的华侨应当出具的证件和证明材料有：①本人的有效护照；②居住国公证机构或者有权机关出具的、经中华人民共和国驻该国使（领）馆认证的本人无配偶以及与对方当事人没有直系血亲和三代以内旁系血亲关系的证明，或者中华人民共和国驻该国使（领）馆出具的本人无配偶以及与对方当事人没有直系血亲和三代以内旁系血亲关系的证明。

婚姻登记机关应当对结婚登记当事人出具的证件、证明材料进行审查并询问相关情况。对当事人符合结婚条件的，应当当场予以登记，发给结婚证；对当事人不符合结婚条件不予登记的，应当向当事人说明理由。

二、涉华侨、香港居民、澳门居民和台湾居民的离婚问题

（一）登记离婚

1. 办理离婚登记的机关

内地居民同香港居民、澳门居民、台湾居民、华侨在中国内地自愿离婚的，男女双方应当共同到内地居民常住户口所在地的婚姻登记机关办理离婚登记。

2. 登记离婚当事人须持法定的证件和证明材料

办理离婚登记的内地居民应当出具的证件和证明材料：①本人的户口簿、身份证；②本人的结婚证；③双方当事人共同签署的离婚协议书。

办理离婚登记的香港居民、澳门居民、台湾居民、华侨除应当出具上述规定的证件、证明材料外，香港居民、澳门居民、台湾居民还应当出具本人的有效通行证、身份证，华侨还应当出具本人的有效护照或者其他有效国际旅行证件。

离婚协议书应当载明双方当事人自愿离婚的意思表示以及对子女抚养、财产及债务处理等事项协商一致的意见。

婚姻登记机关应当对离婚登记当事人出具的证件、证明材料进行审查并询问相关情况。对当事人确属自愿离婚，并已对子女抚养、财产、债务等问题达成一致处理意见的，应当当场予以登记，发给离婚证。

（二）诉讼离婚

一方要求离婚或一方不能亲自到婚姻登记机关申请离婚的，应向内地公民一方户籍所在地或居所地人民法院提出离婚诉讼，由人民法院根据内地婚姻法的有关规定处理。

如果夫妻双方都是居住在港澳台的居民，他们系在内地办理的结婚登记。现因特殊原因，要求在内地办理离婚登记或向原婚姻登记机关所在地的人民法院起诉离婚的，可予准许。

在审理涉及港澳台居民的离婚纠纷时，如果港澳台居民一方须负担子女抚养费等内容需要执行的，为避免判决或调解协议发生执行上的困难，应尽可能地采取一次性给付、立即执行的办法，也可使用亲友担保的办法。

复习思考题：

1. 简述民族婚姻、涉外婚姻的概念。
2. 如何处理民族婚姻家庭问题？
3. 涉外婚姻有哪些特别要求？

参考文献

[1] 史尚宽. 亲属法论 [M]. 台北：荣泰印书馆股份有限公司，1980.

[2] 杨大文. 婚姻法教程 [M]. 北京：法律出版社，1982.

[3] 陈棋炎. 民法亲属新论 [M]. 台北：三民书局，1986.

[4] 古德. 家庭 [M]. 魏章玲，译. 北京：北京科学文献出版社，1986.

[5] 刘英，薛素珍. 中国婚姻家庭 [M]. 北京：社会科学文献出版社，1987.

[6] 李志敏. 比较家庭法 [M]. 北京：北京大学出版社，1988.

[7] 杨大文. 婚姻法学 [M]. 北京：中国人民大学出版社，1989.

[8] 刘素萍. 婚姻法学参考资料 [M]. 北京：中国人民大学出版社，1989.

[9] 刘春茂. 中国民法学：财产继承 [M]. 北京：中国人民公安大学出版社，1990.

[10] 巫昌祯，王德意，杨大文. 当代中国婚姻家庭问题 [M]. 北京：人民出版社，1990.

[11] 黄进. 区际冲突法研究 [M]. 上海：学林出版社，1991.

[12] 利谷信义. 离婚法社会学 [M]. 北京：北京大学出版社，1991.

[13] 张贤钰. 外国婚姻家庭法资料选编 [M]. 上海：复旦大学出版社，1991.

[14] 王利明，郭明瑞，方流芳. 民法新论 [M]. 北京：中国政法大学出版社，1991.

[15] 陈小君，曹诗权. 婚姻家庭法学 [M]. 北京：中国检察出版社，1995.

[16] 巫昌祯，杨大文. 走向 21 世纪的中国婚姻家庭 [M]. 长春：吉林人民出版社，1995.

[17] 杨立新. 人身权法论 [M]. 北京：中国检察出版社，1996.

[18] 高言，郑晶. 婚姻家庭法理解适用与案例评析 [M]. 北京：人民法院出版社，1996.

[19] 陈小君，曹诗权. 海峡两岸亲属法比较研究 [M]. 北京：中国政法大学出版社，1996.

[20] 杨大文. 亲属法 [M]. 北京：法律出版社，1997.

[21] 张贤钰. 婚姻家庭继承法 [M]. 北京：法律出版社，1999.

[22] 杨大文. 婚姻家庭法 [M]. 北京：中国人民大学出版社，2001.

[23] 蒋月. 夫妻的权利与义务 [M]. 北京：法律出版社，2001.

[24] 杨遂全. 新婚姻家庭法总论 [M]. 北京：法律出版社，2001.

[25] 邓伟志，徐榕. 家庭社会学 [M]. 北京：中国社会科学出版社，2001.

[26] 李明舜. 婚姻法中的救助措施与法律责任 [M]. 北京：法律出版社，2001.

[27] 陈苇，宋豫. 结婚与婚姻无效纠纷的处置 [M]. 北京：法律出版社，2001.

[28] 卓冬青，刘冰. 婚姻家庭法 [M]. 广州：中山大学出版社，2002.

[29] 蔡菁. 婚姻律师 [M]. 北京：经济日报出版社，2003.

[30] 吴国平，张影. 婚姻家庭法原理与实务 [M]. 北京：中国政法大学出版社，2004.

[31] 王歌雅. 婚姻家庭继承法学 [M]. 2 版. 北京：中国人民大学出版社，2013.

[32] 房绍坤，范李瑛，张洪波. 婚姻家庭与继承法 [M]. 4 版. 北京：中国人民大学出版社，2015.

[33] 杨大文. 婚姻家庭法 [M]. 6 版. 北京：中国人民大学出版社，2015.

［34］夏吟兰. 婚姻家庭继承法 ［M］. 2 版. 北京：中国政法大学出版社，2017.

［35］王利明. 中华人民共和国民法总则详解 ［M］. 北京：中国法制出版社，2017.

［36］张新宝. 中华人民共和国民法总则释义 ［M］. 北京：中国人民大学出版社，2017.

［37］王利明. 民法总则 ［M］. 北京：中国人民大学出版社，2017.

附　　录

附录一：中华人民共和国婚姻法（修正）

（1980 年 9 月 10 日第五届全国人民代表大会第三次会议通过，根据 2001 年 4 月 28 日第九届全国人民代表大会常务委员会第二十一次会议《关于修改〈中华人民共和国婚姻法〉的决定》修正）

第一章　总　则

第一条　本法是婚姻家庭关系的基本准则。

第二条　实行婚姻自由、一夫一妻、男女平等的婚姻制度。

保护妇女、儿童和老人的合法权益。

实行计划生育。

第三条　禁止包办、买卖婚姻和其他干涉婚姻自由的行为。禁止借婚姻索取财物。

禁止重婚。禁止有配偶者与他人同居。禁止家庭暴力。禁止家庭成员间的虐待和遗弃。

第四条　夫妻应当互相忠实，互相尊重；家庭成员间应当敬老爱幼，互相帮助，维护平等、和睦、文明的婚姻家庭关系。

第二章　结　婚

第五条　结婚必须男女双方完全自愿，不许任何一方对他方加以强迫或任何第三者加以干涉。

第六条　结婚年龄，男不得早于二十二周岁，女不得早于二十周岁。晚婚晚育应予鼓励。

第七条　有下列情形之一的，禁止结婚：

（一）直系血亲和三代以内的旁系血亲；

（二）患有医学上认为不应当结婚的疾病。

第八条　要求结婚的男女双方必须亲自到婚姻登记机关进行结婚登记。符合本法规定的，予以登记，发给结婚证。取得结婚证，即确立夫妻关系。未办理结婚登记的，应当补办登记。

第九条　登记结婚后，根据男女双方约定，女方可以成为男方家庭的成员，男方可以成为女方家庭的成员。

第十条　有下列情形之一的，婚姻无效：

（一）重婚的；

（二）有禁止结婚的亲属关系的；

（三）婚前患有医学上认为不应当结婚的疾病，婚后尚未治愈的；

（四）未到法定婚龄的。

第十一条　因胁迫结婚的，受胁迫的一方可以向婚姻登记机关或人民法院请求撤销该婚姻。受胁迫的一方撤销婚姻的请求，应当自结婚登记之日起一年内提出。被非法限制人身自由的当事人请求撤销婚姻的，应当自恢复人身自由之日起一年内提出。

第十二条　无效或被撤销的婚姻，自始无效。当事人不具有夫妻的权利和义务。同居期间所得的财产，由当事人协议处理；协议不成时，由人民法院根据照顾无过错方的原则判决。对重婚导致的婚姻无效的财产处理，不得侵害合法婚姻当事人的财产权益。当事人所生的子女，适用本法有关父母子女的规定。

第三章　家庭关系

第十三条　夫妻在家庭中地位平等。

第十四条　夫妻双方都有各用自己姓名的权利。

第十五条　夫妻双方都有参加生产、工作、学习和社会活动的自由，一方不得对他方加以限制或干涉。

第十六条　夫妻双方都有实行计划生育的义务。

第十七条　夫妻在婚姻关系存续期间所得的下列财产，归夫妻共同所有：

（一）工资、奖金；

（二）生产、经营的收益；

（三）知识产权的收益；

（四）继承或赠与所得的财产，但本法第十八条第三项规定的除外；

（五）其他应当归共同所有的财产。

夫妻对共同所有的财产，有平等的处理权。

第十八条　有下列情形之一的，为夫妻一方的财产：

（一）一方的婚前财产；

（二）一方因身体受到伤害获得的医疗费、残疾人生活补助费等费用；

（三）遗嘱或赠与合同中确定只归夫或妻一方的财产；

（四）一方专用的生活用品；

（五）其他应当归一方的财产。

第十九条　夫妻可以约定婚姻关系存续期间所得的财产以及婚前财产归各自所有、共同所有或部分各自所有、部分共同所有。约定应当采用书面形式。没有约定或约定不明确的，适用本法第十七条、第十八条的规定。

夫妻对婚姻关系存续期间所得的财产以及婚前财产的约定，对双方具有约束力。

夫妻对婚姻关系存续期间所得的财产约定归各自所有的，夫或妻一方对外所负的债务，第三人知道该约定的，以夫或妻一方所有的财产清偿。

第二十条　夫妻有互相扶养的义务。

一方不履行扶养义务时，需要扶养的一方，有要求对方付给扶养费的权利。

第二十一条　父母对子女有抚养教育的义务；子女对父母有赡养扶助的义务。

父母不履行抚养义务时，未成年的或不能独立生活的子女，有要求父母付给抚养费的权利。

子女不履行赡养义务时，无劳动能力的或生活困难的父母，有要求子女付给赡养费的权利。

禁止溺婴、弃婴和其他残害婴儿的行为。

第二十二条　子女可以随父姓，可以随母姓。

第二十三条　父母有保护和教育未成年子女的权利和义务。在未成年子女对国家、集体或他人造成损害时，父母有承担民事责任的义务。

第二十四条　夫妻有相互继承遗产的权利。

父母和子女有相互继承遗产的权利。

第二十五条　非婚生子女享有与婚生子女同等的权利，任何人不得加以危害和歧视。

不直接抚养非婚生子女的生父或生母，应当负担子女的生活费和教育费，直至子女能独立生活为止。

第二十六条　国家保护合法的收养关系。养父母和养子女间的权利和义务，适用本法对父母子女关系的有关规定。

养子女和生父母间的权利和义务，因收养关系的成立而消除。

第二十七条　继父母与继子女间，不得虐待或歧视。

继父或继母和受其抚养教育的继子女间的权利和义务，适用本法对父母子女关系的有关规定。

第二十八条　有负担能力的祖父母、外祖父母，对于父母已经死亡或父母无力抚养的未成年的孙子女、外孙子女，有抚养的义务。有负担能力的孙子女、外孙子女，对于子女已经死亡或子女无力赡养的祖父母、外祖父母，有赡养的义务。

第二十九条　有负担能力的兄、姐，对于父母已经死亡或父母无力抚养的未成年的弟、妹，有扶养的义务。由兄、姐扶养长大的有负担能力的弟、妹，对于缺乏劳动能力又缺乏生活来源的兄、姐，有扶养的义务。

第三十条　子女应当尊重父母的婚姻权利，不得干涉父母再婚以及婚后的生活。子女对父母的赡养义务，不因父母的婚姻关系变化而终止。

第四章　离　婚

第三十一条　男女双方自愿离婚的，准予离婚。双方必须到婚姻登记机关申请离婚。婚姻登记机关查明双方确实是自愿并对子女和财产问题已有适当处理时，发给离婚证。

第三十二条　男女一方要求离婚的，可由有关部门进行调解或直接向人民法院提出离婚诉讼。

人民法院审理离婚案件，应当进行调解；如感情确已破裂，调解无效，应准予离婚。

有下列情形之一，调解无效的，应准予离婚：

（一）重婚或有配偶者与他人同居的；

（二）实施家庭暴力或虐待、遗弃家庭成员的；

（三）有赌博、吸毒等恶习屡教不改的；

（四）因感情不和分居满二年的；

（五）其他导致夫妻感情破裂的情形。

一方被宣告失踪，另一方提出离婚诉讼的，应准予离婚。

第三十三条　现役军人的配偶要求离婚，须得军人同意，但军人一方有重大过错的除外。

第三十四条　女方在怀孕期间、分娩后一年内或中止妊娠后六个月内，男方不得提出离婚。女方提出离婚的，或人民法院认为确有必要受理男方离婚请求的，不在此限。

第三十五条　离婚后，男女双方自愿恢复夫妻关系的，必须到婚姻登记机关进行复婚登记。

第三十六条　父母与子女间的关系，不因父母离婚而消除。离婚后，子女无论由父或母直接抚养，仍是父母双方的子女。

离婚后，父母对于子女仍有抚养和教育的权利和义务。

离婚后，哺乳期内的子女，以随哺乳的母亲抚养为原则。哺乳期后的子女，如双方因抚养问题发生争执不能达成协议时，由人民法院根据子女的权益和双方的具体情况判决。

第三十七条　离婚后，一方抚养的子女，另一方应负担必要的生活费和教育费的一部或全部，负担费用的多少和期限的长短，由双方协议；协议不成时，由人民法院判决。

关于子女生活费和教育费的协议或判决，不妨碍子女在必要时向父母任何一方提出超过协议或判决原定数额的合理要求。

第三十八条　离婚后，不直接抚养子女的父或母，有探望子女的权利，另一方有协助的义务。

行使探望权利的方式、时间由当事人协议；协议不成时，由人民法院判决。

父或母探望子女，不利于子女身心健康的，由人民法院依法中止探望的权利；中止的事由消失后，应当恢复探望的权利。

第三十九条　离婚时，夫妻的共同财产由双方协议处理；协议不成时，由人民法院根据财产的具体情况，照顾子女和女方权益的原则判决。

夫或妻在家庭土地承包经营中享有的权益等，应当依法予以保护。

第四十条　夫妻书面约定婚姻关系存续期间所得的财产归各自所有，一方因抚育子女、照料老人、协助另一方工作等付出较多义务的，离婚时有权向另一方请求补偿，另一方应当予以补偿。

第四十一条　离婚时，原为夫妻共同生活所负的债务，应当共同偿还。共同财产不足清偿的，或财产归各自所有的，由双方协议清偿；协议不成时，由人民法院判决。

第四十二条　离婚时，如一方生活困难，另一方应从其住房等个人财产中给予适当帮助。具体办法由双方协议；协议不成时，由人民法院判决。

第五章　救助措施与法律责任

第四十三条　实施家庭暴力或虐待家庭成员，受害人有权提出请求，居民委员会、村民委员会以及所在单位应当予以劝阻、调解。

对正在实施的家庭暴力，受害人有权提出请求，居民委员会、村民委员会应当予以劝阻；公安机关应当予以制止。

实施家庭暴力或虐待家庭成员，受害人提出请求的，公安机关应当依照治安管理处罚的法律规定予以行政处罚。

第四十四条　对遗弃家庭成员，受害人有权提出请求，居民委员会、村民委员会以及所在单位应当予以劝阻、调解。

对遗弃家庭成员，受害人提出请求的，人民法院应当依法作出支付扶养费、抚养费、赡养费的判决。

第四十五条　对重婚的，对实施家庭暴力或虐待、遗弃家庭成员构成犯罪的，依法追究刑事责任。受害人可以依照刑事诉讼法的有关规定，向人民法院自诉；公安机关应当依法侦查，人民检察院应当依法提起公诉。

第四十六条　有下列情形之一，导致离婚的，无过错方有权请求损害赔偿：

（一）重婚的；

（二）有配偶者与他人同居的；

（三）实施家庭暴力的；

（四）虐待、遗弃家庭成员的。

第四十七条　离婚时，一方隐藏、转移、变卖、毁损夫妻共同财产，或伪造债务企图侵占另一方财产的，分割夫妻共同财产时，对隐藏、转移、变卖、毁损夫妻共同财产或伪造债务的一方，可以少分或不分。离婚后，另一方发现有上述行为的，可以向人民法院提起诉讼，请求再次分割夫妻共同财产。

人民法院对前款规定的妨害民事诉讼的行为，依照民事诉讼法的规定予以制裁。

第四十八条　对拒不执行有关扶养费、抚养费、赡养费、财产分割、遗产继承、探望子女等判决或裁定的，由人民法院依法强制执行。有关个人和单位应负协助执行的责任。

第四十九条　其他法律对有关婚姻家庭的违法行为和法律责任另有规定的，依照其规定。

第六章　附　则

第五十条　民族自治地方的人民代表大会有权结合当地民族婚姻家庭的具体情况，制定变通规定。自治州、自治县制定的变通规定，报省、自治区、直辖市人民代表大会常务委员会批准后生效。自治区制定的变通规定，报全国人民代表大会常务委员会批准后生效。

第五十一条　本法自 1981 年 1 月 1 日起施行。

1950 年 5 月 1 日颁行的《中华人民共和国婚姻法》，自本法施行之日起废止。

附录二：中华人民共和国收养法（修正）

（1991 年 12 月 29 日第七届全国人民代表大会常务委员会第二十三次会议通过，1991 年 12 月 29 日中华人民共和国主席令第五十四号公布，自 1992 年 4 月 1 日起施行。根据 1998 年 11 月 4 日第九届全国人民代表大会常务委员会第五次会议《关于修改〈中华人民共和国收养法〉的决定》修正，自 1999 年 4 月 1 日起施行）

第一章　总　则

第一条　为保护合法的收养关系，维护收养关系当事人的权利，制定本法。

第二条　收养应当有利于被收养的未成年人的抚养、成长，保障被收养人和收养人的合法权益，遵循平等自愿的原则，并不得违背社会公德。

第三条　收养不得违背计划生育的法律、法规。

第二章　收养关系的成立

第四条　下列不满十四周岁的未成年人可以被收养：

（一）丧失父母的孤儿；

（二）查找不到生父母的弃婴和儿童；

（三）生父母有特殊困难无力抚养的子女。

第五条　下列公民、组织可以作送养人：

（一）孤儿的监护人；

（二）社会福利机构；

（三）有特殊困难无力抚养子女的生父母。

第六条　收养人应当同时具备下列条件：

（一）无子女；

（二）有抚养教育被收养人的能力；

（三）未患有在医学上认为不应当收养子女的疾病；

（四）年满三十周岁。

第七条　收养三代以内同辈旁系血亲的子女，可以不受本法第四条第三项、第五条第三项、第九条和被收养人不满十四周岁的限制。

华侨收养三代以内同辈旁系血亲的子女，还可以不受收养人无子女的限制。

第八条　收养人只能收养一名子女。

收养孤儿、残疾儿童或者社会福利机构抚养的查找不到生父母的弃婴和儿童，可以不受收养人无子女和收养一名的限制。

第九条　无配偶的男性收养女性的，收养人与被收养人的年龄应当相差四十周岁以上。

第十条　生父母送养子女，须双方共同送养。生父母一方不明或者查找不到的可以单方送养。

有配偶者收养子女，须夫妻共同收养。

第十一条　收养人收养与送养人送养，须双方自愿。收养年满十周岁以上未成年人的，应当征得被收养人的同意。

第十二条　未成年人的父母均不具备完全民事行为能力的，该未成年人的监护人不得将其送养，但父母对该未成年人有严重危害可能的除外。

第十三条　监护人送养未成年孤儿的，须征得有抚养义务的人同意。有抚养义务的人不同意送养、监护人不愿意继续履行监护职责的，应当依照《中华人民共和国民法通则》的规定变更监护人。

第十四条　继父或者继母经继子女的生父母同意，可以收养继子女，并可以不受本法第四条第三项、第五条第三项、第六条和被收养人不满十四周岁以及收养一名的限制。

第十五条　收养应当向县级以上人民政府民政部门登记。收养关系自登记之日起成立。

收养查找不到生父母的弃婴和儿童的，办理登记的民政部门应当在登记前予以公告。

收养关系当事人愿意订立收养协议的，可以订立收养协议。

收养关系当事人各方或者一方要求办理收养公证的，应当办理收养公证。

第十六条　收养关系成立后，公安部门应当依照国家有关规定为被收养人办理户口登记。

第十七条　孤儿或者生父母无力抚养的子女，可以由生父母的亲属、朋友抚养。

抚养人与被抚养人的关系不适用收养关系。

第十八条　配偶一方死亡，另一方送养未成年子女的，死亡一方的父母有优先抚养的权利。

第十九条　送养人不得以送养子女为理由违反计划生育的规定再生育子女。

第二十条　严禁买卖儿童或者借收养名义买卖儿童。

第二十一条　外国人依照本法可以在中华人民共和国收养子女。

外国人在中华人民共和国收养子女，应当经其所在国主管机关依照该国法律审查同意。收养人应当提供由其所在国有权机构出具的有关收养人的年龄、婚姻、职业、财产、健康、有无受过刑事处罚等状况的证明材料，该证明材料应当经其所在国外交机关或者外交机关授权的机构认证，并经中华人民共和国驻该国使领馆认证。该收养人应当与送养人订立书面协议，亲自向省级人民政府民政部门登记。

收养关系当事人各方或者一方要求办理收养公证的，应当到国务院司法行政部门认定的具有办理涉外公证资格的公证机构办理收养公证。

第二十二条　收养人、送养人要求保守收养秘密的，其他人应当尊重其意愿，不得泄露。

第三章　收养的效力

第二十三条　自收养关系成立之日起，养父母与养子女间的权利义务关系，适用法律关于父母子女关系的规定；养子女与养父母的近亲属间的权利义务关系，适用法律关于子女与父母的近亲属关系的规定。

养子女与生父母及其他近亲属间的权利义务关系，因收养关系的成立而消除。

第二十四条　养子女可以随养父或者养母的姓，经当事人协商一致，也可以保留原姓。

第二十五条　违反《中华人民共和国民法通则》第五十五条和本法规定的收养行为无法律效力。

收养行为被人民法院确认无效的，从行为开始时起就没有法律效力。

第四章　收养关系的解除

第二十六条　收养人在被收养人成年以前，不得解除收养关系，但收养人、送养人双方协议解除的除外，养子女年满十周岁以上的，应当征得本人同意。

收养人不履行抚养义务，有虐待、遗弃等侵害未成年养子女合法权益行为的，送养人有权要求解除养父母与养子女间的收养关系。送养人、收养人不能达成解除收养关系协议的，可以向人民法院起诉。

第二十七条　养父母与成年养子女关系恶化、无法共同生活的，可以协议解除收养关系。不能达成协议的，可以向人民法院起诉。

第二十八条　当事人协议解除收养关系的，应当到民政部门办理解除收养关系的登记。

第二十九条　收养关系解除后，养子女与养父母及其他近亲属间的权利义务关系即行消除，与生父母及其他近亲属间的权利义务关系自行恢复，但成年养子女与生父母及其他近亲属间的权利义务关系是否恢复，可以协商确定。

第三十条　收养关系解除后，经养父母抚养的成年养子女，对缺乏劳动能力又缺乏生活来源的养父母，应当给付生活费。因养子女成年后虐待、遗弃养父母而解除收养关系的，养父母可以要求养子女补偿收养期间支出的生活费和教育费。

生父母要求解除收养关系的，养父母可以要求生父母适当补偿收养期间支出的生活费和教育费，但因养父母虐待、遗弃养子女而解除收养关系的除外。

第五章　法律责任

第三十一条　借收养名义拐卖儿童的，依法追究刑事责任。

遗弃婴儿的，由公安部门处以罚款；构成犯罪的，依法追究刑事责任。

出卖亲生子女的，由公安部门没收非法所得，并处以罚款；构成犯罪的，依法追究刑事责任。

第六章　附　则

第三十二条　民族自治地方的人民代表大会及其常务委员会可以根据本法的原则，结合当地情况，制定变通的或者补充的规定。自治区的规定，报全国人民代表大会常务委员会备案。自治州、自治县的规定，报省或者自治区的人民代表大会常务委员会批准后生效，并报全国人民代表大会常务委员会备案。

第三十三条　国务院可以根据本法制定实施办法。

第三十四条　本法自 1992 年 4 月 1 日起施行。

附录三：中华人民共和国反家庭暴力法

（2015 年 12 月 27 日第十二届全国人民代表大会常务委员会第十八次会议通过）

第一章　总　则

第一条　为了预防和制止家庭暴力，保护家庭成员的合法权益，维护平等、和睦、文明的家庭关系，促进家庭和谐、社会稳定，制定本法。

第二条　本法所称家庭暴力，是指家庭成员之间以殴打、捆绑、残害、限制人身自由以及经常性谩骂、恐吓等方式实施的身体、精神等侵害行为。

第三条　家庭成员之间应当互相帮助，互相关爱，和睦相处，履行家庭义务。

反家庭暴力是国家、社会和每个家庭的共同责任。

国家禁止任何形式的家庭暴力。

第四条　县级以上人民政府负责妇女儿童工作的机构，负责组织、协调、指导、督促有关部门做好反家庭暴力工作。

县级以上人民政府有关部门、司法机关、人民团体、社会组织、居民委员会、村民委员会、企业事业单位，应当依照本法和有关法律规定，做好反家庭暴力工作。

各级人民政府应当对反家庭暴力工作给予必要的经费保障。

第五条　反家庭暴力工作遵循预防为主，教育、矫治与惩处相结合原则。

反家庭暴力工作应当尊重受害人真实意愿，保护当事人隐私。

未成年人、老年人、残疾人、孕期和哺乳期的妇女、重病患者遭受家庭暴力的，应当给予特殊保护。

第二章　家庭暴力的预防

第六条　国家开展家庭美德宣传教育，普及反家庭暴力知识，增强公民反家庭暴力意识。

工会、共产主义青年团、妇女联合会、残疾人联合会应当在各自工作范围内，组织开展家庭美德和反家庭暴力宣传教育。

广播、电视、报刊、网络等应当开展家庭美德和反家庭暴力宣传。

学校、幼儿园应当开展家庭美德和反家庭暴力教育。

第七条　县级以上人民政府有关部门、司法机关、妇女联合会应当将预防和制止家庭暴力纳入业务培训和统计工作。

医疗机构应当做好家庭暴力受害人的诊疗记录。

第八条　乡镇人民政府、街道办事处应当组织开展家庭暴力预防工作，居民委员会、村民委员会、社会工作服务机构应当予以配合协助。

第九条　各级人民政府应当支持社会工作服务机构等社会组织开展心理健康咨询、家庭关系指导、家庭暴力预防知识教育等服务。

第十条　人民调解组织应当依法调解家庭纠纷，预防和减少家庭暴力的发生。

第十一条　用人单位发现本单位人员有家庭暴力情况的，应当给予批评教育，并做好家庭矛盾的调解、化解工作。

第十二条　未成年人的监护人应当以文明的方式进行家庭教育，依法履行监护和教育职责，不得实施家庭暴力。

第三章　家庭暴力的处置

第十三条　家庭暴力受害人及其法定代理人、近亲属可以向加害人或者受害人所在单位、居民委员会、村民委员会、妇女联合会等单位投诉、反映或者求助。有关单位接到家庭暴力投诉、反映或求助后，应当给予帮助、处理。

家庭暴力受害人及其法定代理人、近亲属也可以向公安机关报案或者依法向人民法院起诉。

单位、个人发现正在发生的家庭暴力行为，有权及时劝阻。

第十四条　学校、幼儿园、医疗机构、居民委员会、村民委员会、社会工作服务机构、救助管理机构、福利机构及其工作人员在工作中发现无民事行为能力人、限制民事行为能力人遭受或者疑似遭受家庭暴力的，应当及时向公安机关报案。公安机关应当对报案人的信息予以保密。

第十五条　公安机关接到家庭暴力报案后应当及时出警，制止家庭暴力，按照有关规定调查取证，协助受害人就医、鉴定伤情。

无民事行为能力人、限制民事行为能力人因家庭暴力身体受到严重伤害、面临人身安全威胁或者处于无人照料等危险状态的，公安机关应当通知并协助民政部门将其安置到临时庇护场所、救助管理机构或者福利机构。

第十六条　家庭暴力情节较轻，依法不给予治安管理处罚的，由公安机关对加害人给予批评教育或者出具告诫书。

告诫书应当包括加害人的身份信息、家庭暴力的事实陈述、禁止加害人实施家庭暴力等内容。

第十七条　公安机关应当将告诫书送交加害人、受害人，并通知居民委员会、村民委员会。

居民委员会、村民委员会、公安派出所应当对收到告诫书的加害人、受害人进行查访，监督加害人不再实施家庭暴力。

第十八条　县级或者设区的市级人民政府可以单独或者依托救助管理机构设立临时庇护场所，为家庭暴力受害人提供临时生活帮助。

第十九条　法律援助机构应当依法为家庭暴力受害人提供法律援助。

人民法院应当依法对家庭暴力受害人缓收、减收或者免收诉讼费用。

第二十条　人民法院审理涉及家庭暴力的案件，可以根据公安机关出警记录、告诫书、伤情鉴定意见等证据，认定家庭暴力事实。

第二十一条　监护人实施家庭暴力严重侵害被监护人合法权益的，人民法院可以根据被监护人的近亲属、居民委员会、村民委员会、县级人民政府民政部门等有关人员或者单位的申请，依法撤销其监护人资格，另行指定监护人。

被撤销监护人资格的加害人，应当继续负担相应的赡养、扶养、抚养费用。

第二十二条　工会、共产主义青年团、妇女联合会、残疾人联合会、居民委员会、村民委员会等应当对实施家庭暴力的加害人进行法治教育，必要时可以对加害人、受害人进行心理辅导。

第四章 人身安全保护令

第二十三条 当事人因遭受家庭暴力或者面临家庭暴力的现实危险，向人民法院申请人身安全保护令的，人民法院应当受理。

当事人是无民事行为能力人、限制民事行为能力人，或者因受到强制、威吓等原因无法申请人身安全保护令的，其近亲属、公安机关、妇女联合会、居民委员会、村民委员会、救助管理机构可以代为申请。

第二十四条 申请人身安全保护令应当以书面方式提出；书面申请确有困难的，可以口头申请，由人民法院记入笔录。

第二十五条 人身安全保护令案件由申请人或者被申请人居住地、家庭暴力发生地的基层人民法院管辖。

第二十六条 人身安全保护令由人民法院以裁定形式作出。

第二十七条 作出人身安全保护令，应当具备下列条件：

（一）有明确的被申请人；

（二）有具体的请求；

（三）有遭受家庭暴力或者面临家庭暴力现实危险的情形。

第二十八条 人民法院受理申请后，应当在七十二小时内作出人身安全保护令或者驳回申请；情况紧急的，应当在二十四小时内作出。

第二十九条 人身安全保护令可以包括下列措施：

（一）禁止被申请人实施家庭暴力；

（二）禁止被申请人骚扰、跟踪、接触申请人及其相关近亲属；

（三）责令被申请人迁出申请人住所；

（四）保护申请人人身安全的其他措施。

第三十条 人身安全保护令的有效期不超过六个月，自作出之日起生效。人身安全保护令失效前，人民法院可以根据申请人的申请撤销、变更或者延长。

第三十一条 申请人对驳回申请不服或者被申请人对人身安全保护令不服的，可以自裁定生效之日起五日内向作出裁定的人民法院申请复议一次。人民法院依法作出人身安全保护令的，复议期间不停止人身安全保护令的执行。

第三十二条 人民法院作出人身安全保护令后，应当送达申请人、被申请人、公安机关以及居民委员会、村民委员会等有关组织。人身安全保护令由人民法院执行，公安机关以及居民委员会、村民委员会等应当协助执行。

第五章 法律责任

第三十三条 加害人实施家庭暴力，构成违反治安管理行为的，依法给予治安管理处罚；构成犯罪的，依法追究刑事责任。

第三十四条 被申请人违反人身安全保护令，构成犯罪的，依法追究刑事责任；尚不构成犯罪的，人民法院应当给予训诫，可以根据情节轻重处以一千元以下罚款、十五日以下拘留。

第三十五条　学校、幼儿园、医疗机构、居民委员会、村民委员会、社会工作服务机构、救助管理机构、福利机构及其工作人员未依照本法第十四条规定向公安机关报案，造成严重后果的，由上级主管部门或者本单位对直接负责的主管人员和其他直接责任人员依法给予处分。

第三十六条　负有反家庭暴力职责的国家工作人员玩忽职守、滥用职权、徇私舞弊的，依法给予处分；构成犯罪的，依法追究刑事责任。

第六章　附　则

第三十七条　家庭成员以外共同生活的人之间实施的暴力行为，参照本法规定执行。

第三十八条　本法自 2016 年 3 月 1 日起施行。

附录四：中华人民共和国未成年人保护法（节录）

第二章　家庭保护

第十条　父母或者其他监护人应当创造良好、和睦的家庭环境，依法履行对未成年人的监护职责和抚养义务。

禁止对未成年人实施家庭暴力，禁止虐待、遗弃未成年人，禁止溺婴和其他残害婴儿的行为，不得歧视女性未成年人或者有残疾的未成年人。

第十一条　父母或者其他监护人应当关注未成年人的生理、心理状况和行为习惯，以健康的思想、良好的品行和适当的方法教育和影响未成年人，引导未成年人进行有益身心健康的活动，预防和制止未成年人吸烟、酗酒、流浪、沉迷网络以及赌博、吸毒、卖淫等行为。

第十二条　父母或者其他监护人应当学习家庭教育知识，正确履行监护职责，抚养教育未成年人。

有关国家机关和社会组织应当为未成年人的父母或者其他监护人提供家庭教育指导。

第十三条　父母或者其他监护人应当尊重未成年人受教育的权利，必须使适龄未成年人依法入学接受并完成义务教育，不得使接受义务教育的未成年人辍学。

第十四条　父母或者其他监护人应当根据未成年人的年龄和智力发展状况，在作出与未成年人权益有关的决定时告知其本人，并听取他们的意见。

第十五条　父母或者其他监护人不得允许或者迫使未成年人结婚，不得为未成年人订立婚约。

第十六条　父母因外出务工或者其他原因不能履行对未成年人监护职责的，应当委托有监护能力的其他成年人代为监护。

附录五：中华人民共和国妇女权益保障法（节录）

第七章　婚姻家庭权益

第四十三条　国家保障妇女享有与男子平等的婚姻家庭权利。

第四十四条　国家保护妇女的婚姻自主权。禁止干涉妇女的结婚、离婚自由。

第四十五条　女方在怀孕期间、分娩后一年内或者终止妊娠后六个月内，男方不得提出离婚。女方提出离婚的，或者人民法院认为确有必要受理男方离婚请求的，不在此限。

第四十六条　禁止对妇女实施家庭暴力。

国家采取措施，预防和制止家庭暴力。

公安、民政、司法行政等部门以及城乡基层群众性自治组织、社会团体，应当在各自的职责范围内预防和制止家庭暴力，依法为受害妇女提供救助。

第四十七条　妇女对依照法律规定的夫妻共同财产享有与其配偶平等的占有、使用、收益和处分的权利，不受双方收入状况的影响。

夫妻书面约定婚姻关系存续期间所得的财产归各自所有，女方因抚育子女、照料老人、协助男方工作等承担较多义务的，有权在离婚时要求男方予以补偿。

第四十八条　夫妻共有的房屋，离婚时，分割住房由双方协议解决；协议不成的，由人民法院根据双方的具体情况，按照照顾子女和女方权益的原则判决。夫妻双方另有约定的除外。

夫妻共同租用的房屋，离婚时，女方的住房应当按照照顾子女和女方权益的原则解决。

第四十九条　父母双方对未成年子女享有平等的监护权。

父亲死亡、丧失行为能力或者其他情形不能担任未成年子女的监护人的，母亲的监护权任何人不得干涉。

第五十条　离婚时，女方因实施绝育手术或者其他原因丧失生育能力的，处理子女抚养问题，应在有利子女权益的条件下，照顾女方的合理要求。

第五十一条　妇女有按照国家有关规定生育子女的权利，也有不生育的自由。

育龄夫妻双方按照国家有关规定计划生育，有关部门应当提供安全、有效的避孕药具和技术，保障实施节育手术的妇女的健康和安全。

国家实行婚前保健、孕产期保健制度，发展母婴保健事业。各级人民政府应当采取措施，保障妇女享有计划生育技术服务，提高妇女的生殖健康水平。

附录六：中华人民共和国老年人权益保障法（节录）

第二章　家庭赡养与扶养

第十三条　老年人养老以居家为基础，家庭成员应当尊重、关心和照料老年人。

第十四条　赡养人应当履行对老年人经济上供养、生活上照料和精神上慰藉的义务，照顾老年人的特殊需要。

赡养人是指老年人的子女以及其他依法负有赡养义务的人。

赡养人的配偶应当协助赡养人履行赡养义务。

第十五条　赡养人应当使患病的老年人及时得到治疗和护理；对经济困难的老年人，应当提供医疗费用。

对生活不能自理的老年人，赡养人应当承担照料责任；不能亲自照料的，可以按照老年人的意愿委托他人或者养老机构等照料。

第十六条　赡养人应当妥善安排老年人的住房，不得强迫老年人居住或者迁居条件低劣的房屋。

老年人自有的或者承租的住房，子女或者其他亲属不得侵占，不得擅自改变产权关系或者租赁关系。

老年人自有的住房，赡养人有维修的义务。

第十七条　赡养人有义务耕种或者委托他人耕种老年人承包的田地，照管或者委托他人照管老年人的林木和牲畜等，收益归老年人所有。

第十八条　家庭成员应当关心老年人的精神需求，不得忽视、冷落老年人。

与老年人分开居住的家庭成员，应当经常看望或者问候老年人。

用人单位应当按照国家有关规定保障赡养人探亲休假的权利。

第十九条　赡养人不得以放弃继承权或者其他理由，拒绝履行赡养义务。

赡养人不履行赡养义务，老年人有要求赡养人付给赡养费等权利。

赡养人不得要求老年人承担力不能及的劳动。

第二十条　经老年人同意，赡养人之间可以就履行赡养义务签订协议。赡养协议的内容不得违反法律的规定和老年人的意愿。

基层群众性自治组织、老年人组织或者赡养人所在单位监督协议的履行。

第二十一条　老年人的婚姻自由受法律保护。子女或者其他亲属不得干涉老年人离婚、再婚及婚后的生活。

赡养人的赡养义务不因老年人的婚姻关系变化而消除。

第二十二条　老年人对个人的财产，依法享有占有、使用、收益和处分的权利，子女或者其他亲属不得干涉，不得以窃取、骗取、强行索取等方式侵犯老年人的财产权益。

老年人有依法继承父母、配偶、子女或者其他亲属遗产的权利，有接受赠与的权利。子女或者其他亲属不得侵占、抢夺、转移、隐匿或者损毁应当由老年人继承或者接受赠与的财产。

老年人以遗嘱处分财产，应当依法为老年配偶保留必要的份额。

第二十三条　老年人与配偶有相互扶养的义务。

由兄、姐扶养的弟、妹成年后，有负担能力的，对年老无赡养人的兄、姐有扶养的义务。

第二十四条　赡养人、扶养人不履行赡养、扶养义务的，基层群众性自治组织、老年人组织或者赡养人、扶养人所在单位应当督促其履行。

第二十五条 禁止对老年人实施家庭暴力。

第二十六条 具备完全民事行为能力的老年人，可以在近亲属或者其他与自己关系密切、愿意承担监护责任的个人、组织中协商确定自己的监护人。监护人在老年人丧失或者部分丧失民事行为能力时，依法承担监护责任。

老年人未事先确定监护人的，其丧失或者部分丧失民事行为能力时，依照有关法律的规定确定监护人。

第二十七条 国家建立健全家庭养老支持政策，鼓励家庭成员与老年人共同生活或者就近居住，为老年人随配偶或者赡养人迁徙提供条件，为家庭成员照料老年人提供帮助。

附录七：婚姻登记条例

（2003 年 7 月 30 日国务院第 16 次常务会议通过，2003 年 8 月 8 日中华人民共和国国务院令第 387 号公布，自 2003 年 10 月 1 日起施行）

第一章 总 则

第一条 为了规范婚姻登记工作，保障婚姻自由、一夫一妻、男女平等的婚姻制度的实施，保护婚姻当事人的合法权益，根据《中华人民共和国婚姻法》（以下简称婚姻法），制定本条例。

第二条 内地居民办理婚姻登记的机关是县级人民政府民政部门或者乡（镇）人民政府，省、自治区、直辖市人民政府可以按照便民原则确定农村居民办理婚姻登记的具体机关。

中国公民同外国人，内地居民同香港特别行政区居民（以下简称香港居民）、澳门特别行政区居民（以下简称澳门居民）、台湾地区居民（以下简称台湾居民）、华侨办理婚姻登记的机关是省、自治区、直辖市人民政府民政部门或者省、自治区、直辖市人民政府民政部门确定的机关。

第三条 婚姻登记机关的婚姻登记员应当接受婚姻登记业务培训，经考核合格，方可从事婚姻登记工作。

婚姻登记机关办理婚姻登记，除按收费标准向当事人收取工本费外，不得收取其他费用或者附加其他义务。

第二章 结婚登记

第四条 内地居民结婚，男女双方应当共同到一方当事人常住户口所在地的婚姻登记机关办理结婚登记。

中国公民同外国人在中国内地结婚的，内地居民同香港居民、澳门居民、台湾居民、华侨在中国内地结婚的，男女双方应当共同到内地居民常住户口所在地的婚姻登记机关办理结婚登记。

第五条 办理结婚登记的内地居民应当出具下列证件和证明材料：

（一）本人的户口簿、身份证；

（二）本人无配偶以及与对方当事人没有直系血亲和三代以内旁系血亲关系的签字声明。

办理结婚登记的香港居民、澳门居民、台湾居民应当出具下列证件和证明材料：

（一）本人的有效通行证、身份证；

（二）经居住地公证机构公证的本人无配偶以及与对方当事人没有直系血亲和三代以内旁系血亲关系的声明。

办理结婚登记的华侨应当出具下列证件和证明材料：

（一）本人的有效护照；

（二）居住国公证机构或者有权机关出具的、经中华人民共和国驻该国使（领）馆认证的本人无配偶以及与对方当事人没有直系血亲和三代以内旁系血亲关系的证明，或者中华人民共和国驻该国使（领）馆出具的本人无配偶以及与对方当事人没有直系血亲和三代以内旁系血亲关系的证明。

办理结婚登记的外国人应当出具下列证件和证明材料：

（一）本人的有效护照或者其他有效的国际旅行证件；

（二）所在国公证机构或者有权机关出具的、经中华人民共和国驻该国使（领）馆认证或者该国驻华使（领）馆认证的本人无配偶的证明，或者所在国驻华使（领）馆出具的本人无配偶的证明。

第六条　办理结婚登记的当事人有下列情形之一的，婚姻登记机关不予登记：

（一）未到法定结婚年龄的；

（二）非双方自愿的；

（三）一方或者双方已有配偶的；

（四）属于直系血亲或者三代以内旁系血亲的；

（五）患有医学上认为不应当结婚的疾病的。

第七条　婚姻登记机关应当对结婚登记当事人出具的证件、证明材料进行审查并询问相关情况。对当事人符合结婚条件的，应当当场予以登记，发给结婚证；对当事人不符合结婚条件不予登记的，应当向当事人说明理由。

第八条　男女双方补办结婚登记的，适用本条例结婚登记的规定。

第九条　因胁迫结婚的，受胁迫的当事人依据婚姻法第十一条的规定向婚姻登记机关请求撤销其婚姻的，应当出具下列证明材料：

（一）本人的身份证、结婚证；

（二）能够证明受胁迫结婚的证明材料。

婚姻登记机关经审查认为受胁迫结婚的情况属实且不涉及子女抚养、财产及债务问题的，应当撤销该婚姻，宣告结婚证作废。

第三章　离婚登记

第十条　内地居民自愿离婚的，男女双方应当共同到一方当事人常住户口所在地的婚姻登记机关办理离婚登记。

中国公民同外国人在中国内地自愿离婚的，内地居民同香港居民、澳门居民、台湾居民、华侨在中国内地自愿离婚的，男女双方应当共同到内地居民常住户口所在地的婚姻登记机关办理离婚登记。

第十一条　办理离婚登记的内地居民应当出具下列证件和证明材料：

（一）本人的户口簿、身份证；

（二）本人的结婚证；

（三）双方当事人共同签署的离婚协议书。

办理离婚登记的香港居民、澳门居民、台湾居民、华侨、外国人除应当出具前款第（二）项、第（三）项规定的证件、证明材料外，香港居民、澳门居民、台湾居民还应当出具本人的有效通行证、身份证，华侨、外国人还应当出具本人的有效护照或者其他有效国际旅行证件。

离婚协议书应当载明双方当事人自愿离婚的意思表示以及对子女抚养、财产及债务处理等事项协商一致的意见。

第十二条　办理离婚登记的当事人有下列情形之一的，婚姻登记机关不予受理：

（一）未达成离婚协议的；

（二）属于无民事行为能力人或者限制民事行为能力人的；

（三）其结婚登记不是在中国内地办理的。

第十三条　婚姻登记机关应当对离婚登记当事人出具的证件、证明材料进行审查并询问相关情况。对当事人确属自愿离婚，并已对子女抚养、财产、债务等问题达成一致处理意见的，应当当场予以登记，发给离婚证。

第十四条　离婚的男女双方自愿恢复夫妻关系的，应当到婚姻登记机关办理复婚登记。复婚登记适用本条例结婚登记的规定。

第四章　婚姻登记档案和婚姻登记证

第十五条　婚姻登记机关应当建立婚姻登记档案。婚姻登记档案应当长期保管。具体管理办法由国务院民政部门会同国家档案管理部门规定。

第十六条　婚姻登记机关收到人民法院宣告婚姻无效或者撤销婚姻的判决书副本后，应当将该判决书副本收入当事人的婚姻登记档案。

第十七条　结婚证、离婚证遗失或者损毁的，当事人可以持户口簿、身份证向原办理婚姻登记的机关或者一方当事人常住户口所在地的婚姻登记机关申请补领。婚姻登记机关对当事人的婚姻登记档案进行查证，确认属实的，应当为当事人补发结婚证、离婚证。

第五章　罚　则

第十八条　婚姻登记机关及其婚姻登记员有下列行为之一的，对直接负责的主管人员和其他直接责任人员依法给予行政处分：

（一）为不符合婚姻登记条件的当事人办理婚姻登记的；

（二）玩忽职守造成婚姻登记档案损失的；

（三）办理婚姻登记或者补发结婚证、离婚证超过收费标准收取费用的。

违反前款第（三）项规定收取的费用，应当退还当事人。

第六章 附 则

第十九条 中华人民共和国驻外使（领）馆可以依照本条例的有关规定，为男女双方均居住于驻在国的中国公民办理婚姻登记。

第二十条 本条例规定的婚姻登记证由国务院民政部门规定式样并监制。

第二十一条 当事人办理婚姻登记或者补领结婚证、离婚证应当交纳工本费。工本费的收费标准由国务院价格主管部门会同国务院财政部门规定并公布。

第二十二条 本条例自 2003 年 10 月 1 日起施行。1994 年 1 月 12 日国务院批准、1994 年 2 月 1 日民政部发布的《婚姻的登记管理条例》同时废止。

附录八：最高人民法院关于适用《中华人民共和国婚姻法》若干问题的解释（一）

（2001 年 12 月 24 日最高人民法院审判委员会第 1 202 次会议通过，2001 年 12 月 24 日最高人民法院公告公布，自 2001 年 12 月 27 日起施行）

为了正确审理婚姻家庭纠纷案件，根据《中华人民共和国婚姻法》（以下简称婚姻法）、《中华人民共和国民事诉讼法》等法律的规定，对人民法院适用婚姻法的有关问题作出如下解释：

第一条 婚姻法第三条、第三十二条、第四十三条、第四十五条、第四十六条所称的"家庭暴力"，是指行为人以殴打、捆绑、残害、强行限制人身自由或者其他手段，给其家庭成员的身体、精神等方面造成一定伤害后果的行为。持续性、经常性的家庭暴力，构成虐待。

第二条 婚姻法第三条、第三十二条、第四十六条规定的"有配偶者与他人同居"的情形，是指有配偶者与婚外异性，不以夫妻名义，持续、稳定地共同居住。

第三条 当事人仅以婚姻法第四条为依据提起诉讼的，人民法院不予受理；已经受理的，裁定驳回起诉。

第四条 男女双方根据婚姻法第八条规定补办结婚登记的，婚姻关系的效力从双方均符合婚姻法所规定的结婚的实质要件时起算。

第五条 未按婚姻法第八条规定办理结婚登记而以夫妻名义共同生活的男女，起诉到人民法院要求离婚的，应当区别对待：

（一）1994 年 2 月 1 日民政部《婚姻登记管理条例》公布实施以前，男女双方已经符合结婚实质要件的，按事实婚姻处理；

（二）1994 年 2 月 1 日民政部《婚姻登记管理条例》公布实施以后，男女双方符合结婚实质要件的，人民法院应当告知其在案件受理前补办结婚登记；未补办结婚登记的，按解除同居关系处理。

第六条 未按婚姻法第八条规定办理结婚登记而以夫妻名义共同生活的男女，一方死亡，另一方以配偶身份主张享有继承权的，按照本解释第五条的原则处理。

第七条 有权依据婚姻法第十条规定向人民法院就已办理结婚登记的婚姻申请宣告

婚姻无效的主体，包括婚姻当事人及利害关系人。利害关系人包括：

（一）以重婚为由申请宣告婚姻无效的，为当事人的近亲属及基层组织。

（二）以未到法定婚龄为由申请宣告婚姻无效的，为未达法定婚龄者的近亲属。

（三）以有禁止结婚的亲属关系为由申请宣告婚姻无效的，为当事人的近亲属。

（四）以婚前患有医学上认为不应当结婚的疾病，婚后尚未治愈为由申请宣告婚姻无效的，为与患病者共同生活的近亲属。

第八条　当事人依据婚姻法第十条规定向人民法院申请宣告婚姻无效的，申请时，法定的无效婚姻情形已经消失的，人民法院不予支持。

第九条　人民法院审理宣告婚姻无效案件，对婚姻效力的审理不适用调解，应当依法作出判决；有关婚姻效力的判决一经作出，即发生法律效力。

涉及财产分割和子女抚养的，可以调解。调解达成协议的，另行制作调解书。对财产分割和子女抚养问题的判决不服的，当事人可以上诉。

第十条　婚姻法第十一条所称的"胁迫"，是指行为人以给另一方当事人或者其近亲属的生命、身体健康、名誉、财产等方面造成损害为要挟，迫使另一方当事人违背真实意愿结婚的情况。

因受胁迫而请求撤销婚姻的，只能是受胁迫一方的婚姻关系当事人本人。

第十一条　人民法院审理婚姻当事人因受胁迫而请求撤销婚姻的案件，应当适用简易程序或者普通程序。

第十二条　婚姻法第十一条规定的"一年"，不适用诉讼时效中止、中断或者延长的规定。

第十三条　婚姻法第十二条所规定的自始无效，是指无效或者可撤销婚姻在依法被宣告无效或被撤销时，才确定该婚姻自始不受法律保护。

第十四条　人民法院根据当事人的申请，依法宣告婚姻无效或者撤销婚姻的，应当收缴双方的结婚证书并将生效的判决书寄送当地婚姻登记管理机关。

第十五条　被宣告无效或被撤销的婚姻，当事人同居期间所得的财产，按共同共有处理。但有证据证明为当事人一方所有的除外。

第十六条　人民法院审理重婚导致的无效婚姻案件时，涉及财产处理的，应当准许合法婚姻当事人作为有独立请求权的第三人参加诉讼。

第十七条　婚姻法第十七条关于"夫或妻对夫妻共同所有的财产，有平等的处理权"的规定，应当理解为：

（一）夫或妻在处理夫妻共同财产上的权利是平等的。因日常生活需要而处理夫妻共同财产的，任何一方均有权决定。

（二）夫或妻非因日常生活需要对夫妻共同财产做重要处理决定，夫妻双方应当平等协商，取得一致意见。他人有理由相信其为夫妻双方共同意思表示的，另一方不得以不同意或不知道为由对抗善意第三人。

第十八条　婚姻法第十九条所称"第三人知道该约定的"，夫妻一方对此负有举证责任。

第十九条　婚姻法第十八条规定为夫妻一方所有的财产，不因婚姻关系的延续而转化为夫妻共同财产。但当事人另有约定的除外。

第二十条　婚姻法第二十一条规定的"不能独立生活的子女"，是指尚在校接受高中及其以下学历教育，或者丧失或未完全丧失劳动能力等非因主观原因而无法维持正常生活的成年子女。

第二十一条　婚姻法第二十一条所称"抚养费"，包括子女生活费、教育费、医疗费等费用。

第二十二条　人民法院审理离婚案件，符合第三十二条第二款规定"应准予离婚"情形的，不应当因当事人有过错而判决不准离婚。

第二十三条　婚姻法第三十三条所称的"军人一方有重大过错"，可以依据婚姻法第三十二条第三款前三项规定及军人有其他重大过错导致夫妻感情破裂的情形予以判断。

第二十四条　人民法院作出的生效的离婚判决中未涉及探望权，当事人就探望权问题单独提起诉讼的，人民法院应予受理。

第二十五条　当事人在履行生效判决、裁定或者调解书的过程中，请求中止行使探望权的，人民法院在征询双方当事人意见后，认为需要中止行使探望权的，依法作出裁定。中止探望的情形消失后，人民法院应当根据当事人的申请通知其恢复探望权的行使。

第二十六条　未成年子女、直接抚养子女的父或母及其他对未成年子女负担抚养、教育义务的法定监护人，有权向人民法院提出中止探望权的请求。

第二十七条　婚姻法第四十二条所称"一方生活困难"，是指依靠个人财产和离婚时分得的财产无法维持当地基本生活水平。

一方离婚后没有住处的，属于生活困难。

离婚时，一方以个人财产中的住房对生活困难者进行帮助的形式，可以是房屋的居住权或者房屋的所有权。

第二十八条　婚姻法第四十六条规定的"损害赔偿"，包括物质损害赔偿和精神损害赔偿。涉及精神损害赔偿的，适用最高人民法院《关于确定民事侵权精神损害赔偿责任若干问题的解释》的有关规定。

第二十九条　承担婚姻法第四十六条规定的损害赔偿责任的主体，为离婚诉讼当事人中无过错方的配偶。

人民法院判决不准离婚的案件，对于当事人基于婚姻法第四十六条提出的损害赔偿请求，不予支持。

在婚姻关系存续期间，当事人不起诉离婚而单独依据该条规定提起损害赔偿请求的，人民法院不予受理。

第三十条　人民法院受理离婚案件时，应当将婚姻法第四十六条等规定中当事人的有关权利义务，书面告知当事人。在适用婚姻法第四十六条时，应当区分以下不同情况：

（一）符合婚姻法第四十六条规定的无过错方作为原告基于该规定向人民法院提起损害赔偿请求的，必须在离婚诉讼的同时提出。

（二）符合婚姻法第四十六条规定的无过错方作为被告的离婚诉讼案件，如果被告不同意离婚也不基于该条规定提起损害赔偿请求的，可以在离婚后一年内就此单独提起诉讼。

（三）无过错方作为被告的离婚诉讼案件，一审时被告未基于婚姻法第四十六条规定提出损害赔偿请求，二审期间提出的，人民法院应当进行调解，调解不成的，告知当事人在离婚后一年内另行起诉。

第三十一条　当事人依据婚姻法第四十七条的规定向人民法院提起诉讼，请求再次分割夫妻共同财产的诉讼时效为两年，从当事人发现之次日起计算。

第三十二条　婚姻法第四十八条关于对拒不执行有关探望子女等判决和裁定的，由人民法院依法强制执行的规定，是指对拒不履行协助另一方行使探望权的有关个人和单位采取拘留、罚款等强制措施，不能对子女的人身、探望行为进行强制执行。

第三十三条　婚姻法修改后正在审理的一、二审婚姻家庭纠纷案件，一律适用修改后的婚姻法。此前最高人民法院作出的相关司法解释如与本解释相抵触，以本解释为准。

第三十四条　本解释自公布之日起施行。

附录九：最高人民法院关于适用《中华人民共和国婚姻法》若干问题的解释（二）

（2003年12月4日由最高人民法院审判委员会第1 299次会议通过，现予公布，自2004年4月1日起施行）

为正确审理婚姻家庭纠纷案件，根据《中华人民共和国婚姻法》（以下简称婚姻法）、《中华人民共和国民事诉讼法》等相关法律规定，对人民法院适用婚姻法的有关问题作出如下解释：

第一条　当事人起诉请求解除同居关系的，人民法院不予受理。但当事人请求解除的同居关系，属于婚姻法第三条、第三十二条、第四十六条规定的"有配偶者与他人同居"的，人民法院应当受理并依法予以解除。

当事人因同居期间财产分割或者子女抚养纠纷提起诉讼的，人民法院应当受理。

第二条　人民法院受理申请宣告婚姻无效案件后，经审查确属无效婚姻的，应当依法作出宣告婚姻无效的判决。原告申请撤诉的，不予准许。

第三条　人民法院受理离婚案件后，经审查确属无效婚姻的，应当将婚姻无效的情形告知当事人，并依法作出宣告婚姻无效的判决。

第四条　人民法院审理无效婚姻案件，涉及财产分割和子女抚养的，应当对婚姻效力的认定和其他纠纷的处理分别制作裁判文书。

第五条　夫妻一方或者双方死亡后一年内，生存一方或者利害关系人依据婚姻法第十条的规定申请宣告婚姻无效的，人民法院应当受理。

第六条　利害关系人依据婚姻法第十条的规定，申请人民法院宣告婚姻无效的，利害关系人为申请人，婚姻关系当事人双方为被申请人。

夫妻一方死亡的，生存一方为被申请人。

夫妻双方均已死亡的，不列被申请人。

第七条　人民法院就同一婚姻关系分别受理了离婚和申请宣告婚姻无效案件的，对于离婚案件的审理，应当待申请宣告婚姻无效案件作出判决后进行。

前款所指的婚姻关系被宣告无效后，涉及财产分割和子女抚养的，应当继续审理。

第八条　离婚协议中关于财产分割的条款或者当事人因离婚就财产分割达成的协议，对男女双方具有法律约束力。

当事人因履行上述财产分割协议发生纠纷提起诉讼的，人民法院应当受理。

第九条　男女双方协议离婚后一年内就财产分割问题反悔，请求变更或者撤销财产分割协议的，人民法院应当受理。

人民法院审理后，未发现订立财产分割协议时存在欺诈、胁迫等情形的，应当依法驳回当事人的诉讼请求。

第十条　当事人请求返还按照习俗给付的彩礼的，如果查明属于以下情形，人民法院应当予以支持：

（一）双方未办理结婚登记手续的；

（二）双方办理结婚登记手续但确未共同生活的；

（三）婚前给付并导致给付人生活困难的。

适用前款第（二）、（三）项的规定，应当以双方离婚为条件。

第十一条　婚姻关系存续期间，下列财产属于婚姻法第十七条规定的"其他应当归共同所有的财产"：

（一）一方以个人财产投资取得的收益；

（二）男女双方实际取得或者应当取得的住房补贴、住房公积金；

（三）男女双方实际取得或者应当取得的养老保险金、破产安置补偿费。

第十二条　婚姻法第十七条第三项规定的"知识产权的收益"，是指婚姻关系存续期间，实际取得或者已经明确可以取得的财产性收益。

第十三条　军人的伤亡保险金、伤残补助金、医药生活补助费属于个人财产。

第十四条　人民法院审理离婚案件，涉及分割发放到军人名下的复员费、自主择业费等一次性费用的，以夫妻婚姻关系存续年限乘以年平均值，所得数额为夫妻共同财产。

前款所称年平均值，是指将发放到军人名下的上述费用总额按具体年限均分得出的数额。其具体年限为人均寿命七十岁与军人入伍时实际年龄的差额。

第十五条　夫妻双方分割共同财产中的股票、债券、投资基金份额等有价证券以及未上市股份有限公司股份时，协商不成或者按市价分配有困难的，人民法院可以根据数量按比例分配。

第十六条　人民法院审理离婚案件，涉及分割夫妻共同财产中以一方名义在有限责任公司的出资额，另一方不是该公司股东的，按以下情形分别处理：

（一）夫妻双方协商一致将出资额部分或者全部转让给该股东的配偶，过半数股东同意、其他股东明确表示放弃优先购买权的，该股东的配偶可以成为该公司股东；

（二）夫妻双方就出资额转让份额和转让价格等事项协商一致后，过半数股东不同意转让，但愿意以同等价格购买该出资额的，人民法院可以对转让出资所得财产进行分割。过半数股东不同意转让，也不愿意以同等价格购买该出资额的，视为其同意转让，该股东的配偶可以成为该公司股东。

用于证明前款规定的过半数股东同意的证据，可以是股东会决议，也可以是当事人通过其他合法途径取得的股东的书面声明材料。

第十七条　人民法院审理离婚案件，涉及分割夫妻共同财产中以一方名义在合伙企业中的出资，另一方不是该企业合伙人的，当夫妻双方协商一致，将其合伙企业中的财产份额全部或者部分转让给对方时，按以下情形分别处理：

（一）其他合伙人一致同意的，该配偶依法取得合伙人地位；

（二）其他合伙人不同意转让，在同等条件下行使优先受让权的，可以对转让所得的财产进行分割；

（三）其他合伙人不同意转让，也不行使优先受让权，但同意该合伙人退伙或者退还部分财产份额的，可以对退还的财产进行分割；

（四）其他合伙人既不同意转让，也不行使优先受让权，又不同意该合伙人退伙或者退还部分财产份额的，视为全体合伙人同意转让，该配偶依法取得合伙人地位。

第十八条　夫妻以一方名义投资设立独资企业的，人民法院分割夫妻在该独资企业中的共同财产时，应当按照以下情形分别处理：

（一）一方主张经营该企业的，对企业资产进行评估后，由取得企业一方给予另一方相应的补偿；

（二）双方均主张经营该企业的，在双方竞价基础上，由取得企业的一方给予另一方相应的补偿；

（三）双方均不愿意经营该企业的，按照《中华人民共和国个人独资企业法》等有关规定办理。

第十九条　由一方婚前承租、婚后用共同财产购买的房屋，房屋权属证书登记在一方名下的，应当认定为夫妻共同财产。

第二十条　双方对夫妻共同财产中的房屋价值及归属无法达成协议时，人民法院按以下情形分别处理：

（一）双方均主张房屋所有权并且同意竞价取得的，应当准许；

（二）一方主张房屋所有权的，由评估机构按市场价格对房屋作出评估，取得房屋所有权的一方应当给予另一方相应的补偿；

（三）双方均不主张房屋所有权的，根据当事人的申请拍卖房屋，就所得价款进行分割。

第二十一条　离婚时双方对尚未取得所有权或者尚未取得完全所有权的房屋有争议且协商不成的，人民法院不宜判决房屋所有权的归属，应当根据实际情况判决由当事人使用。

当事人就前款规定的房屋取得完全所有权后，有争议的，可以另行向人民法院提起诉讼。

第二十二条　当事人结婚前,父母为双方购置房屋出资的,该出资应当认定为对自己子女的个人赠与,但父母明确表示赠与双方的除外。

当事人结婚后,父母为双方购置房屋出资的,该出资应当认定为对夫妻双方的赠与,但父母明确表示赠与一方的除外。

第二十三条　债权人就一方婚前所负个人债务向债务人的配偶主张权利的,人民法院不予支持。但债权人能够证明所负债务用于婚后家庭共同生活的除外。

第二十四条　债权人就婚姻关系存续期间夫妻一方以个人名义所负债务主张权利的,应当按夫妻共同债务处理。但夫妻一方能够证明债权人与债务人明确约定为个人债务,或者能够证明属于婚姻法第十九条第三款规定情形的除外。

第二十五条　当事人的离婚协议或者人民法院的判决书、裁定书、调解书已经对夫妻财产分割问题作出处理的,债权人仍有权就夫妻共同债务向男女双方主张权利。

一方就共同债务承担连带清偿责任后,基于离婚协议或者人民法院的法律文书向另一方主张追偿的,人民法院应当支持。

第二十六条　夫或妻一方死亡的,生存一方应当对婚姻关系存续期间的共同债务承担连带清偿责任。

第二十七条　当事人在婚姻登记机关办理离婚登记手续后,以婚姻法第四十六条规定为由向人民法院提出损害赔偿请求的,人民法院应当受理。但当事人在协议离婚时已经明确表示放弃该项请求,或者在办理离婚登记手续一年后提出的,不予支持。

第二十八条　夫妻一方申请对配偶的个人财产或者夫妻共同财产采取保全措施的,人民法院可以在采取保全措施可能造成损失的范围内,根据实际情况,确定合理的财产担保数额。

第二十九条　本解释自2004年4月1日起施行。

本解释施行后,人民法院新受理的一审婚姻家庭纠纷案件,适用本解释。

本解释施行后,此前最高人民法院作出的相关司法解释与本解释相抵触的,以本解释为准。

附录十：最高人民法院关于适用《中华人民共和国婚姻法》若干问题的解释（三）

（《最高人民法院关于适用〈中华人民共和国婚姻法〉若干问题的解释（三）》已于2011年7月4日由最高人民法院审判委员会第1 525次会议通过,现予公布,自2011年8月13日起施行）

为正确审理婚姻家庭纠纷案件,根据《中华人民共和国婚姻法》、《中华人民共和国民事诉讼法》等相关法律规定,对人民法院适用婚姻法的有关问题作出如下解释：

第一条　当事人以婚姻法第十条规定以外的情形申请宣告婚姻无效的,人民法院应当判决驳回当事人的申请。

当事人以结婚登记程序存在瑕疵为由提起民事诉讼,主张撤销结婚登记的,告知其可以依法申请行政复议或者提起行政诉讼。

第二条　夫妻一方向人民法院起诉请求确认亲子关系不存在，并已提供必要证据予以证明，另一方没有相反证据又拒绝做亲子鉴定的，人民法院可以推定请求确认亲子关系不存在一方的主张成立。

当事人一方起诉请求确认亲子关系，并提供必要证据予以证明，另一方没有相反证据又拒绝做亲子鉴定的，人民法院可以推定请求确认亲子关系一方的主张成立。

第三条　婚姻关系存续期间，父母双方或者一方拒不履行抚养子女义务，未成年或者不能独立生活的子女请求支付抚养费的，人民法院应予支持。

第四条　婚姻关系存续期间，夫妻一方请求分割共同财产的，人民法院不予支持，但有下列重大理由且不损害债权人利益的除外：

（一）一方有隐藏、转移、变卖、毁损、挥霍夫妻共同财产或者伪造夫妻共同债务等严重损害夫妻共同财产利益行为的；

（二）一方负有法定扶养义务的人患重大疾病需要医治，另一方不同意支付相关医疗费用的。

第五条　夫妻一方个人财产在婚后产生的收益，除孳息和自然增值外，应认定为夫妻共同财产。

第六条　婚前或者婚姻关系存续期间，当事人约定将一方所有的房产赠与另一方，赠与方在赠与房产变更登记之前撤销赠与，另一方请求判令继续履行的，人民法院可以按照合同法第一百八十六条的规定处理。

第七条　婚后由一方父母出资为子女购买的不动产，产权登记在出资人子女名下的，可按照婚姻法第十八条第（三）项的规定，视为只对自己子女一方的赠与，该不动产应认定为夫妻一方的个人财产。

由双方父母出资购买的不动产，产权登记在一方子女名下的，该不动产可认定为双方按照各自父母的出资份额按份共有，但当事人另有约定的除外。

第八条　无民事行为能力人的配偶有虐待、遗弃等严重损害无民事行为能力一方的人身权利或者财产权益行为，其他有监护资格的人可以依照特别程序要求变更监护关系；变更后的监护人代理无民事行为能力一方提起离婚诉讼的，人民法院应予受理。

第九条　夫以妻擅自中止妊娠侵犯其生育权为由请求损害赔偿的，人民法院不予支持；夫妻双方因是否生育发生纠纷，致使感情确已破裂，一方请求离婚的，人民法院经调解无效，应依照婚姻法第三十二条第三款第（五）项的规定处理。

第十条　夫妻一方婚前签订不动产买卖合同，以个人财产支付首付款并在银行贷款，婚后用夫妻共同财产还贷，不动产登记于首付款支付方名下的，离婚时该不动产由双方协议处理。

依前款规定不能达成协议的，人民法院可以判决该不动产归产权登记一方，尚未归还的贷款为产权登记一方的个人债务。双方婚后共同还贷支付的款项及其相对应财产增值部分，离婚时应根据婚姻法第三十九条第一款规定的原则，由产权登记一方对另一方进行补偿。

第十一条　一方未经另一方同意出售夫妻共同共有的房屋，第三人善意购买、支付合理对价并办理产权登记手续，另一方主张追回该房屋的，人民法院不予支持。

夫妻一方擅自处分共同共有的房屋造成另一方损失，离婚时另一方请求赔偿损失的，人民法院应予支持。

第十二条 婚姻关系存续期间，双方用夫妻共同财产出资购买以一方父母名义参加房改的房屋，产权登记在一方父母名下，离婚时另一方主张按照夫妻共同财产对该房屋进行分割的，人民法院不予支持。购买该房屋时的出资，可以作为债权处理。

第十三条 离婚时夫妻一方尚未退休、不符合领取养老保险金条件，另一方请求按照夫妻共同财产分割养老保险金的，人民法院不予支持；婚后以夫妻共同财产缴付养老保险费，离婚时一方主张将养老金账户中婚姻关系存续期间个人实际缴付部分作为夫妻共同财产分割的，人民法院应予支持。

第十四条 当事人达成的以登记离婚或者到人民法院协议离婚为条件的财产分割协议，如果双方协议离婚未成，一方在离婚诉讼中反悔的，人民法院应当认定该财产分割协议没有生效，并根据实际情况依法对夫妻共同财产进行分割。

第十五条 婚姻关系存续期间，夫妻一方作为继承人依法可以继承的遗产，在继承人之间尚未实际分割，起诉离婚时另一方请求分割的，人民法院应当告知当事人在继承人之间实际分割遗产后另行起诉。

第十六条 夫妻之间订立借款协议，以夫妻共同财产出借给一方从事个人经营活动或用于其他个人事务的，应视为双方约定处分夫妻共同财产的行为，离婚时可按照借款协议的约定处理。

第十七条 夫妻双方均有婚姻法第四十六条规定的过错情形，一方或者双方向对方提出离婚损害赔偿请求的，人民法院不予支持。

第十八条 离婚后，一方以尚有夫妻共同财产未处理为由向人民法院起诉请求分割的，经审查该财产确属离婚时未涉及的夫妻共同财产，人民法院应当依法予以分割。

第十九条 本解释施行后，最高人民法院此前作出的相关司法解释与本解释相抵触的，以本解释为准。

附录十一：2003～2017年国家司法考试试题（节选）

2017年

17. 高甲患有精神病，其父高乙为监护人。2009年高甲与陈小美经人介绍认识，同年12月陈小美以其双胞胎妹妹陈小丽的名义与高甲登记结婚，2011年陈小美生育一子高小甲。2012年高乙得知儿媳的真实姓名为陈小美，遂向法院起诉。诉讼期间，陈小美将一直由其抚养的高小甲的户口迁往自己原籍，并将高小甲改名为陈龙，高乙对此提出异议。下列哪一选项是正确的？

A. 高甲与陈小美的婚姻属无效婚姻

B. 高甲与陈小美的婚姻属可撤销婚姻

C. 陈小美为高小甲改名的行为侵害了高小甲的合法权益

D. 陈小美为高小甲改名的行为未侵害高甲的合法权益

【答案】D

18. 刘男按当地习俗向戴女支付了结婚彩礼现金 10 万元及金银首饰数件，婚后不久刘男即主张离婚并要求对方返还彩礼。关于彩礼的返还，下列哪一选项是正确的？

A. 因双方已办理结婚登记，故刘男不能主张返还彩礼

B. 刘男主张彩礼返还，不以双方离婚为条件

C. 双方已办理结婚登记，未共同生活的，可主张返还彩礼

D. 双方已办理结婚登记，并已共同生活的，仍可主张返还彩礼

【答案】C

2016 年

18. 乙起诉离婚时，才得知丈夫甲此前已着手隐匿并转移财产。关于甲、乙离婚的财产分割，下列哪一选项是错误的？

A. 甲隐匿转移财产，分割财产时可少分或不分

B. 如双方就履行离婚财产分割协议事宜发生纠纷，乙可再起诉

C. 离婚后如乙发现甲还隐匿其他共同财产，乙可另诉再次分割财产

D. 离婚后如乙发现甲还隐匿其他共同财产，乙再行起诉不受诉讼时效限制

【答案】D

19. 钟某性情暴躁，常殴打妻子柳某，柳某经常找同村未婚男青年杜某诉苦排遣，二人日久生情。现柳某起诉离婚，关于钟、柳二人的离婚财产处理事宜，下列哪一选项是正确的？

A. 针对钟某家庭暴力，柳某不能向其主张损害赔偿

B. 针对钟某家庭暴力，柳某不能向其主张精神损害赔偿

C. 如柳某婚内与杜某同居，则柳某不能向钟某主张损害赔偿

D. 如柳某婚内与杜某同居，则钟某可以向柳某主张损害赔偿

【答案】C

20. 刘山峰、王翠花系老夫少妻，刘山峰婚前个人名下拥有别墅一栋。关于婚后该别墅的归属，下列哪一选项是正确的？

A. 该别墅不可能转化为夫妻共同财产

B. 婚后该别墅自动转化为夫妻共同财产

C. 婚姻持续满八年后该别墅即依法转化为夫妻共同财产

D. 刘、王可约定婚姻持续八年后该别墅转化为夫妻共同财产

【答案】D

65. 屈赞与曲玲协议离婚并约定婚生子屈曲由屈赞抚养，另口头约定曲玲按其能力给付抚养费并可随时探望屈曲。对此，下列哪些选项是正确的？

A. 曲玲有探望权，屈赞应履行必要的协助义务

B. 如曲玲连续几年对屈曲不闻不问，则其违背了法定的探望义务

C. 如屈赞拒不履行协助曲玲探望的义务，经由裁判法院可依法对屈赞采取拘留、

婚姻家庭法学

罚款等强制措施

D. 屈赞拒不履行协助曲玲探望的义务，经由裁判法院可依法强制从屈赞处接领屈曲与曲玲会面

【答案】AC

2015 年

20. 胡某与黄某长期保持同性恋关系，胡某创作同性恋题材的小说并将其发表。后胡某迫于父母压力娶陈某为妻，结婚时陈某父母赠与一套房屋，登记在陈某和胡某名下。婚后，胡某收到出版社支付的小说版税 10 万元。此后，陈某得知胡某在婚前和婚后一直与黄某保持同性恋关系，非常痛苦。下列哪一选项的说法是正确的？

A. 胡某隐瞒同性恋重大事实，导致陈某结婚的意思表示不真实，陈某可请求撤销该婚姻

B. 陈某受欺诈而登记结婚，导致陈某父母赠与房屋意思表示不真实，陈某父母可撤销赠与

C. 该房屋不属于夫妻共同财产

D. 10 万元版税属于夫妻共同财产

【答案】D

65. 董楠（男）和申蓓（女）是美术学院同学，二人共同创作一幅油画作品《爱你一千年》。毕业后二人结婚，育有一女。董楠染上吸毒恶习，未经申蓓同意变卖了《爱你一千年》，所得款项用于吸毒。因董楠恶习不改，申蓓在女儿不满 1 周岁时提起离婚诉讼。下列哪些选项的说法是正确的？

A. 申蓓虽在分娩后 1 年内提出离婚，法院应予受理

B. 如调解无效，法院应准予离婚

C. 董楠出售《爱你一千年》侵犯了申蓓的物权和著作权

D. 对于董楠吸毒恶习，申蓓有权请求离婚损害赔偿

【答案】ABC

2014 年

23. 甲（男）、乙（女）结婚后，甲承诺，在子女出生后，将其婚前所有的一间门面房，变更登记为夫妻共同财产。后女儿丙出生，但甲不愿兑现承诺，导致二人夫妻感情破裂并离婚，女儿丙随乙一起生活。后甲又与丁（女）结婚。未成年的丙因生重病住院急需医疗费 20 万元，甲与丁签订借款协议从夫妻共同财产中支取该 20 万元。下列哪一选项的表述是错误的？

A. 甲与乙离婚时，乙无权请求将门面房作为夫妻共同财产来分割

B. 甲与丁的协议应视为双方约定处分共同财产

C. 如甲、丁离婚，有关医疗费按借款协议约定处理

D. 如丁不同意甲支付医疗费，甲无权要求分割共有财产

【答案】D

2013 年

23. 甲乙夫妻的下列哪一选项婚后增值或所得，属于夫妻共同财产？

A. 甲婚前承包果园，婚后果树上结的果实

B. 乙婚前购买的 1 套房屋升值了 50 万元

C. 甲用婚前的 10 万元于婚后投资股市，得利 5 万元

D. 乙婚前收藏的玉石升值了 10 万元

【答案】C

2012 年

23. 甲与乙结婚多年后，乙患重大疾病需要医治，甲保管夫妻共同财产但拒绝向乙提供治疗费，致乙疾病得不到及时治疗而恶化。下列哪一选项的说法是错误的？

A. 乙在婚姻关系存续期间，有权起诉请求分割夫妻共同财产

B. 乙有权提出离婚诉讼并请求甲承担损害赔偿

C. 乙在离婚诉讼中有权请求多分夫妻共同财产

D. 乙有权请求公安机关依照《治安管理处罚法》对甲予以行政处罚

【答案】C

2011 年

21. 黄某与唐某自愿达成离婚协议并约定财产平均分配，婚姻关系存续期间的债务全部由唐某偿还。经查，黄某以个人名义在婚姻存续期间向刘某借款 10 万元用于购买婚房。下列哪一选项表述是正确的？

A. 刘某只能要求唐某偿还 10 万元

B. 刘某只能要求黄某偿还 10 万元

C. 如黄某偿还了 10 万元，则有权向唐某追偿 10 万元

D. 如唐某偿还了 10 万元，则有权向黄某追偿 5 万元

【答案】C

22. 甲与乙登记结婚 3 年后，乙向法院请求确认该婚姻无效。乙提出的下列哪一选项的理由可以成立？

A. 乙登记结婚的实际年龄离法定婚龄相差 2 年

B. 甲婚前谎称是海归博士且有车有房，乙婚后发现上当受骗

C. 甲与乙是表兄妹关系

D. 甲以揭发乙父受贿为由胁迫乙与其结婚

【答案】C

52. 甲与乙离婚，甲乙的子女均已成年，与乙一起生活。甲与丙再婚后购买了一套房屋，登记在甲的名下。后甲因中风不能自理，常年卧床。丙见状离家出走达 3 年之久。甲乙的子女和乙想要回房屋，进行法律咨询。下列哪些选项是错误的？

A. 因房屋登记在甲的名下，故属于甲个人房产

B. 丙在甲中风后未尽妻子责任和义务，不能主张房产份额

C. 甲、乙的子女可以申请宣告丙失踪

D. 甲本人向法院提交书面意见后，甲乙的子女可代理甲参与甲与丙的离婚诉讼

【答案】ABC

2010 年

66. 甲、乙因离婚诉讼至法院，要求分割实为共同财产而以甲的名义对丙合伙企业的投资。诉讼中，甲、乙经协商，甲同意将其在丙合伙企业中的财产份额转让给乙，法院对此作出处理。下列哪些选项是正确的？

A. 其他三分之二以上合伙人同意转让的，乙取得合伙人地位

B. 其他合伙人不同意转让，在同等条件下行使优先受让权的，可对转让所得的财产进行分割

C. 其他合伙人不同意转让，也不行使优先受让权，但同意甲退伙或退还其财产份额的，可对退伙财产进行分割

D. 其他合伙人对转让、退伙、退还财产均不同意，也不行使优先受让权的，视为全体合伙人同意转让，乙依法取得合伙人地位

【答案】BCD

2009 年

19. 甲男与乙女通过网聊恋爱，后乙提出分手遭甲威胁，乙无奈遂与甲办理了结婚登记。婚后乙得知，甲婚前就患有医学上不应当结婚的疾病且久治不愈，乙向法院起诉离婚。下列哪一选项的说法是正确的？

A. 法院应判决撤销该婚姻

B. 法院应判决宣告该婚姻无效

C. 法院应当进行调解

D. 当事人可以对法院的处理结果依法提起上诉

【答案】B

20. 甲、乙结婚的第十年，甲父去世留下遗嘱，将其拥有的一套房子留给甲，并声明该房屋只归甲一人所有。下列哪一选项的表述是正确的？

A. 经过八年婚后生活该房屋即变成夫妻共有财产

B. 如甲将该房屋出租，租金为夫妻共同财产

C. 该房屋及其租金均属共同财产

D. 甲、乙即使约定将该房屋变为共同财产，其协议也无效

【答案】B

66. 2003 年 5 月王某（男）与赵某结婚，双方书面约定婚后各自收入归个人所有。2005 年 10 月王某用自己的收入购置一套房屋。2005 年 11 月赵某下岗，负责照料女儿及王某的生活。2008 年 8 月王某提出离婚，赵某得知王某与张某已同居多年。法院应支持赵某的下列哪些主张？

A. 赵某因抚育女儿、照顾王某生活付出较多义务，王某应予以补偿

B. 离婚后赵某没有住房，法院应根据公平原则判决王某购买的住房属于夫妻共同财产

C. 王某与张某同居导致离婚，应对赵某进行赔偿

D. 张某与王某同居破坏其家庭，应向赵某赔礼道歉

【答案】AC

2008 年

13. 甲、乙结婚后购得房屋一套，仅以甲的名义进行了登记。后甲、乙感情不和，甲擅自将房屋以时价出售给不知情的丙，并办理了房屋所有权变更登记手续。对此，下列哪一选项是正确的？

A. 买卖合同有效，房屋所有权未转移

B. 买卖合同无效，房屋所有权已转移

C. 买卖合同有效，房屋所有权已转移

D. 买卖合同无效，房屋所有权未转移

【答案】B

17. 王某以个人名义向张某独资设立的飞跃百货有限公司借款 10 万元，借期 1 年。不久，王某与李某登记结婚，将上述借款全部用于婚房的装修。婚后半年，王某与李某协议离婚，未对债务的偿还作出约定。下列哪一选项是正确的？

A. 由张某向王某请求偿还债务

B. 由张某向王某和李某请求偿还债务

C. 飞跃百货有限公司只能向王某请求偿还债务

D. 由飞跃百货有限公司向王某和李某请求偿还债务

【答案】D

68. 甲、乙结婚多年，因甲沉迷于网络游戏，双方协议离婚，甲同意家庭的主要财产由乙取得。离婚后不久，乙发现甲曾在婚姻存续期间私自购买了两处房产并登记在自己名下，于是起诉甲，要求再次分割房产并要求甲承担损害赔偿责任。下列哪些选项是正确的？

A. 乙无权要求甲承担损害赔偿责任

B. 法院应当将两处房产都判给乙

C. 请求分割房产的诉讼时效，为乙发现或者应当发现甲的隐藏财产行为之次日起两年

D. 若法院判决乙分得房产，则乙在判决生效之日即取得房屋所有权

【答案】AD

2007 年

16. 甲、乙是夫妻，甲在婚前发表小说《昨天》，婚后获得稿费。乙在婚姻存续期间发表了小说《今天》，双方离婚后第二天乙获得稿费。甲在婚姻存续期间创作小说《明天》，离婚后将其发表并获得稿费。下列哪一选项是正确的？

A. 《昨天》的稿费属于甲婚前个人财产

B. 《今天》的稿费属于夫妻共同财产

C. 《明天》的稿费属于夫妻共同财产

D. 《昨天》《今天》和《明天》的稿费都属于夫妻共同财产

【答案】B

17. 周某与妻子庞某发生争执，周某一记耳光导致庞某右耳失聪。庞某起诉周某赔偿医药费 1 000 元、精神损害赔偿费 2 000 元，但未提出离婚请求。下列哪一选项是正确的？

A. 周某应当赔偿医疗费和精神损害

B. 周某应当赔偿医疗费而不应赔偿精神损害

C. 周某应当赔偿精神损害而不应赔偿医疗费

D. 法院应当不予受理

【答案】D

67. 张某和柳某婚后开了一家美发店，由柳某经营。二人自 2005 年 6 月起分居，张某于 2005 年 12 月向当地法院起诉离婚。法院在审理中查明，柳某曾于 2005 年 9 月向他人借款 2 万元用于美发店的经营。下列哪些选项是正确的？

A. 该美发店属于夫妻共同财产

B. 该债务是夫妻共同债务，应以共同财产清偿

C. 该债务是夫妻共同债务，张某应承担一半的清偿责任

D. 该债务系二人分居之后所负，不是用于夫妻共同生活，应由柳某独自承担清偿责任

【答案】AB

2006 年

66. 网名"我心飞飞"的 21 岁女子甲与网名"我行我素"的 25 岁男子乙在网上聊天后产生好感，乙秘密将甲裸聊的镜头复制保存。后乙要求与甲结婚，甲不同意。乙威胁要公布其裸聊镜头，甲只好同意结婚并办理了登记。下列哪些选项的说法是错误的？

A. 甲可以自婚姻登记之日起 1 年内请求撤销该婚姻

B. 甲可以在婚姻登记后以没有感情基础为由起诉要求离婚

C. 甲有权主张该婚姻无效

D. 乙侵犯了甲的隐私权

【答案】BCD

2005 年

82. 马俊 1991 年去世，其妻张桦 1999 年去世，遗有夫妻共有房屋 5 间。马俊遗有伤残补助金 3 万元。张桦 1990 年以个人名义在单位集资入股获得收益 1 万元。双方生有一子马明，1995 年病故。马明生前与胡芳婚后育有一子马飞。张桦长期患病，生活不能自理，由表侄常生及改嫁儿媳胡芳养老送终。5 间房屋于 2001 年 11 月被拆迁，拆迁单位与胡芳签订《危旧房改造货币补偿协议书》，胡芳领取作价补偿款、提前搬家奖

励款、搬迁补助费、货币安置奖励费、使用权补偿款共计 25 万元。马俊的伤残补助金、张桦集资入股收益的性质应如何确定？

A. 伤残补助金和集资收益均为个人财产

B. 伤残补助金为个人财产，集资收益为夫妻共同财产

C. 伤残补助金为夫妻共同财产，集资收益为个人财产

D. 伤残补助金和集资收益皆为夫妻共同财产

【答案】B

2004 年

15. 甲于 1990 年与乙结婚，1991 年以个人名义向其弟借款 10 万元购买商品房一套，夫妻共同居住。2003 年，甲、乙离婚。甲向其弟所借的钱，离婚时应如何处理？

A. 由甲偿还

B. 由乙偿还

C. 以夫妻共同财产偿还

D. 主要由甲偿还

【答案】C

61. 王某与周某结婚时签订书面协议，约定婚后所得财产归各自所有。周某婚后即辞去工作在家奉养公婆，照顾小孩。王某长期在外地工作，后与李某同居，周某得知后向法院起诉要求离婚。周某的下列哪些请求可以得到法院的支持？

A. 由于自己为家庭生活付出较多义务，请求王某予以补偿

B. 由于自己专门为家庭生活操持，未参加工作，请求法院判决确认双方约定婚后所得归各自所有的协议显失公平，归于无效

C. 由于离婚后生活困难，请求王某给予适当帮助

D. 由于王某与他人同居导致双方离婚，请求王某给予损害赔偿

【答案】ACD

2003 年

4. 甲（男，22 周岁）为达到与乙（女，19 周岁）结婚的目的，故意隐瞒乙的真实年龄办理了结婚登记。两年后，因双方经常吵架，乙以办理结婚登记时自己未达到法定婚龄为由向法院起诉，请求宣告婚姻无效。人民法院应如何处理？

A. 以办理结婚登记时未达到法定婚龄为由宣告婚姻无效

B. 对乙的请求不予支持

C. 宣告婚姻无效，确认为非法同居关系，并予以解除

D. 认定为可撤销婚姻，乙可行使撤销权

【答案】B

41. 王某与赵某于 2000 年 5 月结婚。2001 年 7 月，王某出版了一本小说，获得 20 万元的收入。2002 年 1 月，王某继承了其母亲的一处房产。2002 年 2 月，赵某在一次车祸中受重伤，获得 6 万元赔偿金。在赵某受伤后，有许多亲朋好友来探望，赵某共收

礼1万多元。对此，下列哪些选项的表述是正确的？

A. 王某出版小说所得的收入归夫妻共有

B. 王某继承的房产归夫妻共有

C. 赵某获得的6万元赔偿金归赵某个人所有

D. 赵某接受的礼品归赵某个人所有

【答案】ABC